房地产开发标准化日志

(第二版)

陈桂林 编著

1套房地产职业经理人开发全过程标准化手册
5个房地产老板战略决策思考的前提
10个销售案场管理核心表格
20个开发过程关键环节的内容要点提示
50个设计提升价值的实用方法
150个开发过程中的省钱方法

中国建筑工业出版社

图书在版编目（CIP）数据

房地产开发标准化日志/陈桂林编著．—2版．—北京：中国建筑工业出版社，2014.5
ISBN 978-7-112-16273-4

Ⅰ.①房⋯ Ⅱ.①陈⋯ Ⅲ.①房地产开发－标准化 Ⅳ.①F293.3-65

中国版本图书馆CIP数据核字（2014）第084741号

在房地产宏观调控，竞争加剧的背景下，解密品牌开发商的成功密码是本书的重点。本书通过分析房地产竞争的格局，揭开了品牌开发商的成功密码——标准化，全面阐述了房地产全程控制标准化管理要点，为项目操作提供可遵循的控制原则。

本书阐述了房地产项目开发全程控制、征地、财务管理、营销策划、设计管理、土建工程管理、物业管理、商业及商业综合体运作、完工后总结等各个环节的标准化流程梳理、操作要点提示，希望本书能够成为伴随房地产开发管理人员项目操作全过程的好帮手。

看到它、运用它、记录它、总结它，成为开发管理每日工作密不可分的一部分。

责任编辑：郦锁林　封　毅　毕凤鸣　周方圆
书籍设计：京点制版
责任校对：姜小莲　陈晶晶

房地产开发标准化日志
（第二版）

陈桂林　编著

*

中国建筑工业出版社出版、发行(北京西郊百万庄)
各地新华书店、建筑书店经销
北京京点设计公司制版
北京顺诚彩色印刷有限公司印刷

*

开本：787×1092毫米　1/16　印张：23¾　字数：570千字
2014年5月第二版　2014年5月第二次印刷
定价：128.00元
ISBN 978-7-112-16273-4
（25021）

版权所有　翻印必究
如有印装质量问题,可寄本社退换
（邮政编码 100037）

个人档案
PERSONAL ARCHIVES

Name 姓名_____

Mobile Telephone 手机_____

Company Name 公司名称_____

Company Telephone 公司电话_____

E-mail 电子邮箱_____

Wechat 微信_____

QQ_____

MSN_____

Company Website 公司网址_____

Emergency，Please Contact 紧急联络_____

It would be grateful,anyone who contact with above mobile telephone.
如蒙拾获，请致电，至为感谢。

2015年

January 1
日	一	二	三	四	五	六
				1 元旦	**2** 十二	**3** 十三
4 十四	**5** 十五	**6** 小寒	**7** 十七	**8** 十八	**9** 十九	**10** 二十
11 廿一	**12** 廿二	**13** 廿三	**14** 廿四	**15** 廿五	**16** 廿六	**17** 廿七
18 廿八	**19** 廿九	**20** 大寒	**21** 初二	**22** 初三	**23** 初四	**24** 初五
25 初六	**26** 初七	**27** 初八	**28** 初九	**29** 初十	**30** 十一	**31** 十二

February 2
日	一	二	三	四	五	六
1 十三	**2** 十四	**3** 十五	**4** 立春	**5** 十七	**6** 十八	**7** 十九
8 二十	**9** 廿一	**10** 廿二	**11** 廿三	**12** 廿四	**13** 廿五	**14** 廿六
15 廿七	**16** 廿八	**17** 廿九	**18** 除夕	**19** 春节 雨水	**20** 初二	**21** 初三
22 初四	**23** 初五	**24** 初六	**25** 初七	**26** 初八	**27** 初九	**28** 初十

March 3
日	一	二	三	四	五	六
1 十一	**2** 十二	**3** 十三	**4** 十四	**5** 十五	**6** 十六	**7** 惊蛰
8 十八	**9** 十九	**10** 二十	**11** 廿一	**12** 廿二	**13** 廿三	**14** 廿四
15 廿五	**16** 廿六	**17** 廿七	**18** 廿八	**19** 廿九	**20** 二月	**21** 春分
22 初三	**23** 初四	**24** 初五	**25** 初六	**26** 初七	**27** 初八	**28** 初九
29 初十	**30** 十一	**31** 十二				

April 4
日	一	二	三	四	五	六
			1 十三	**2** 十四	**3** 十五	**4** 十六
5 清明	**6** 十八	**7** 十九	**8** 二十	**9** 廿一	**10** 廿二	**11** 廿三
12 廿四	**13** 廿五	**14** 廿六	**15** 廿七	**16** 廿八	**17** 廿九	**18** 三十
19 三月	**20** 谷雨	**21** 初三	**22** 初四	**23** 初五	**24** 初六	**25** 初七
26 初八	**27** 初九	**28** 初十	**29** 十一	**30** 十二		

May 5
日	一	二	三	四	五	六
					1 劳动节	**2** 十四
3 十五	**4** 十六	**5** 十七	**6** 立夏	**7** 十九	**8** 二十	**9** 廿一
10 廿二	**11** 廿三	**12** 廿四	**13** 廿五	**14** 廿六	**15** 廿七	**16** 廿八
17 廿九	**18** 四月	**19** 初二	**20** 初三	**21** 小满	**22** 初五	**23** 初六
24 初七	**25** 初八	**26** 初九	**27** 初十	**28** 十一	**29** 十二	**30** 十三
31 十四						

June 6
日	一	二	三	四	五	六
	1 十五	**2** 十六	**3** 十七	**4** 十八	**5** 十九	**6** 芒种
7 廿一	**8** 廿二	**9** 廿三	**10** 廿四	**11** 廿五	**12** 廿六	**13** 廿七
14 廿八	**15** 廿九	**16** 五月	**17** 初二	**18** 初三	**19** 初四	**20** 端午
21 夏至	**22** 初七	**23** 初八	**24** 初九	**25** 初十	**26** 十一	**27** 十二
28 十三	**29** 十四	**30** 十五				

July 7
日	一	二	三	四	五	六
			1 十六	**2** 十七	**3** 十八	**4** 十九
5 二十	**6** 廿一	**7** 小暑	**8** 廿三	**9** 廿四	**10** 廿五	**11** 廿六
12 廿七	**13** 廿八	**14** 廿九	**15** 三十	**16** 六月	**17** 初二	**18** 初三
19 初四	**20** 初五	**21** 初六	**22** 初七	**23** 大暑	**24** 初九	**25** 初十
26 十一	**27** 十二	**28** 十三	**29** 十四	**30** 十五	**31** 十六	

August 8
日	一	二	三	四	五	六
						1 十七
2 十八	**3** 十九	**4** 二十	**5** 廿一	**6** 廿二	**7** 立秋	**8** 廿四
9 廿五	**10** 廿六	**11** 廿七	**12** 廿八	**13** 廿九	**14** 七月	**15** 初二
16 初三	**17** 初四	**18** 初五	**19** 初六	**20** 初七	**21** 初八	**22** 初九
23 处暑	**24** 十一	**25** 十二	**26** 十三	**27** 十四	**28** 十五	**29** 十六
30 十七	**31** 十八					

September 9
日	一	二	三	四	五	六
		1 十九	**2** 二十	**3** 廿一	**4** 廿二	**5** 廿三
6 廿四	**7** 廿五	**8** 白露	**9** 廿七	**10** 廿八	**11** 廿九	**12** 三十
13 八月	**14** 初二	**15** 初三	**16** 初四	**17** 初五	**18** 初六	**19** 初七
20 初八	**21** 初九	**22** 初十	**23** 秋分	**24** 十二	**25** 十三	**26** 十四
27 中秋	**28** 十六	**29** 十七	**30** 十八			

October 10
日	一	二	三	四	五	六
				1 国庆节	**2** 二十	**3** 廿一
4 廿二	**5** 廿三	**6** 廿四	**7** 廿五	**8** 寒露	**9** 廿七	**10** 廿八
11 廿九	**12** 三十	**13** 九月	**14** 初二	**15** 初三	**16** 初四	**17** 初五
18 初六	**19** 初七	**20** 初八	**21** 初九	**22** 初十	**23** 霜降	**24** 十二
25 十三	**26** 十四	**27** 十五	**28** 十六	**29** 十七	**30** 十八	**31** 十九

November 11
日	一	二	三	四	五	六
1 二十	**2** 廿一	**3** 廿二	**4** 廿三	**5** 廿四	**6** 廿五	**7** 立冬
8 廿七	**9** 廿八	**10** 廿九	**11** 十月	**12** 初二	**13** 初三	**14** 初四
15 初五	**16** 初六	**17** 初七	**18** 初八	**19** 初九	**20** 初十	**21** 十一
22 十二	**23** 小雪	**24** 十四	**25** 十五	**26** 十六	**27** 十七	**28** 十八
29 十九	**30** 二十					

December 12
日	一	二	三	四	五	六
		1 廿一	**2** 廿二	**3** 廿三	**4** 廿四	**5** 廿五
6 廿六	**7** 大雪	**8** 廿八	**9** 廿九	**10** 三十	**11** 十一月	**12** 初二
13 初三	**14** 初四	**15** 初五	**16** 初六	**17** 初七	**18** 初八	**19** 初九
20 初十	**21** 十一	**22** 冬至	**23** 十三	**24** 十四	**25** 十五	**26** 十六
27 十七	**28** 十八	**29** 十九	**30** 二十	**31** 廿一		

2016年

January 1
日	一	二	三	四	五	六
					1 元旦	2 廿三
3 廿四	4 廿五	5 廿六	6 小寒	7 廿八	8 廿九	9 三十
10 腊月	11 初二	12 初三	13 初四	14 初五	15 初六	16 初七
17 初八	18 初九	19 初十	20 十一	21 十二	22 十三	23 大寒
24 十五	25 十六	26 十七	27 十八	28 十九	29 二十	30 廿一
31 廿二						

February 2
日	一	二	三	四	五	六
	1 廿三	2 廿四	3 廿五	4 立春	5 廿七	6 廿八
7 廿九	8 春节 正月	9 初二	10 初三	11 初四	12 初五	13 初六
14 初七	15 初八	16 初九	17 初十	18 十一	19 雨水	20 十三
21 十四	22 元宵节	23 十六	24 十七	25 十八	26 十九	27 二十
28 廿一	29 廿二					

March 3
日	一	二	三	四	五	六
		1 廿三	2 廿四	3 廿五	4 廿六	5 惊蛰
6 廿八	7 廿九	8 三十	9 二月	10 初二	11 初三	12 初四
13 初五	14 初六	15 初七	16 初八	17 初九	18 初十	19 十一
20 春分	21 十三	22 十四	23 十五	24 十六	25 十七	26 十八
27 十九	28 二十	29 廿一	30 廿二	31 廿三		

April 4
日	一	二	三	四	五	六
					1 廿四	2 廿五
3 廿六	4 清明	5 廿八	6 廿九	7 三月	8 初二	9 初三
10 初四	11 初五	12 初六	13 初七	14 初八	15 初九	16 初十
17 十一	18 十二	19 谷雨	20 十四	21 十五	22 十六	23 十七
24 十八	25 十九	26 二十	27 廿一	28 廿二	29 廿三	30 廿四

May 5
日	一	二	三	四	五	六
1 廿五	2 廿六	3 廿七	4 廿八	5 立夏	6 三十	7 四月
8 初二	9 初三	10 初四	11 初五	12 初六	13 初七	14 初八
15 初九	16 初十	17 十一	18 十二	19 十三	20 小满	21 十五
22 十六	23 十七	24 十八	25 十九	26 二十	27 廿一	28 廿二
29 廿三	30 廿四	31 廿五				

June 6
日	一	二	三	四	五	六
			1 廿六	2 廿七	3 廿八	4 廿九
5 五月	6 初二	7 初三	8 初四	9 端午	10 初六	11 初七
12 初八	13 初九	14 初十	15 十一	16 十二	17 十三	18 十四
19 十五	20 十六	21 夏至	22 十八	23 十九	24 二十	25 廿一
26 廿二	27 廿三	28 廿四	29 廿五	30 廿六		

July 7
日	一	二	三	四	五	六
					1 廿七	2 廿八
3 廿九	4 六月	5 初二	6 初三	7 小暑	8 初五	9 初六
10 初七	11 初八	12 初九	13 初十	14 十一	15 十二	16 十三
17 十四	18 十五	19 十六	20 十七	21 十八	22 大暑	23 二十
24 廿一	25 廿二	26 廿三	27 廿四	28 廿五	29 廿六	30 廿七
31 廿八						

August 8
日	一	二	三	四	五	六
	1 廿九	2 三十	3 七月	4 初二	5 初三	6 初四
7 立秋	8 初六	9 初七	10 初八	11 初九	12 初十	13 十一
14 十二	15 十三	16 十四	17 十五	18 十六	19 十七	20 十八
21 十九	22 二十	23 处暑	24 廿二	25 廿三	26 廿四	27 廿五
28 廿六	29 廿七	30 廿八	31 廿九			

September 9
日	一	二	三	四	五	六
				1 八月	2 初二	3 初三
4 初四	5 初五	6 初六	7 白露	8 初八	9 初九	10 初十
11 十一	12 十二	13 十三	14 十四	15 中秋	16 十六	17 十七
18 十八	19 十九	20 二十	21 廿一	22 秋分	23 廿三	24 廿四
25 廿五	26 廿六	27 廿七	28 廿八	29 廿九	30 三十	

October 10
日	一	二	三	四	五	六
						1 国庆节
2 初二	3 初三	4 初四	5 初五	6 初六	7 初七	8 寒露
9 初九	10 初十	11 十一	12 十二	13 十三	14 十四	15 十五
16 十六	17 十七	18 十八	19 十九	20 二十	21 廿一	22 廿二
23 霜降	24 廿四	25 廿五	26 廿六	27 廿七	28 廿八	29 廿九
30 十月	31 初二					

November 11
日	一	二	三	四	五	六
		1 初二	2 初三	3 初四	4 初五	5 初六
6 初七	7 立冬	8 初九	9 初十	10 十一	11 十二	12 十三
13 十四	14 十五	15 十六	16 十七	17 十八	18 十九	19 二十
20 廿一	21 廿二	22 小雪	23 廿四	24 廿五	25 廿六	26 廿七
27 廿八	28 廿九	29 十一月	30 初二			

December 12
日	一	二	三	四	五	六
				1 初三	2 初四	3 初五
4 初六	5 初七	6 初八	7 大雪	8 初十	9 十一	10 十二
11 十三	12 十四	13 十五	14 十六	15 十七	16 十八	17 十九
18 二十	19 廿一	20 廿二	21 冬至	22 廿四	23 廿五	24 廿六
25 廿七	26 廿八	27 廿九	28 三十	29 十二月	30 初二	31 初三

如何使用本日志

老板学会趋势判断，经理学会职业技能。

道的层面：顺势者昌、逆势者亡，本日志介绍了房地产行业的发展规律如何分析及把握。它对"天道"、"人道"、"商道"进行了初解，应用本日志，替天行道，找到中国的"天"。

术的层面：本日志提供了100多种省钱的具体做法，应用在房地产开发的各个环节中。它提供了品牌开发商实际管理中20多种管理表格工具范例，提供了影响开发工期的关键因素及改进方法；提供了标准合同要点提示，房地产开发过程中的项目定位、规划设计、园林景观、营销策划等关键环节的核心要点及借鉴。

房地产开发企业——资源整合平台

01 **刚刚涉足房地产的开发商：如投资商、跨行业的新兴房地产公司**
◆ 本手册是一本房地产行业工作手册，整合了品牌房地产开发商的核心管理规范要点，提供专家团队合作建议、借鉴经验、协助管理。

02 **初具规模的房地产开发商：已经开发过两三个项目**
◆ 可以根据本手册的方法以及提示的核心内容，规范完善企业的标准，建立企业开发系统，提供专家团队合作咨询服务。

03 **相对成熟的开发商：持续开发五六个项目，有稳定的团队**
◆ 找到自己企业的定位，通过专业的指导，建立企业的开发全过程标准体系，完善企业合作资源，快速成为区域品牌开发商。

04 **已经完善体系的开发商：像万科、龙湖、万达等企业**
◆ 通过专业团队协助，完善自己的管理，标准化管理体系，将企业的标准形成各个岗位的执行手册，提高企业管理的效率，提高企业知识的转化，降低人为错误的发生。

05 **房地产经理人——职业提升的助手**
◆ 快速提高职业技能，在工作中有大量的资讯可供参考，实际工作中可能出现的问题及解决方案均有要点提示，是不可多得的实用工具，是快速提升职业空间的帮手。

06 **房地产合作单位——业务拓展的渠道**
◆ 投资公司、规划设计院、景观设计院、建筑公司、样板间设计公司等通过与本手册会员的合作，拓展公司业务，建立合作平台。

前言

《房地产开发标准化日志》出版以来,得到业内的普遍认可。意料之中的是很多职业经理人和老板不仅亲自使用,而且还推荐给更多的同行好友。意料之外的是一批地方型开发企业,全员更换日志本,购买超过百本的《房地产开发标准化日志》作为公司的统一工作日志。

在过去的一年里,除了网络的热销以外,还有大量的咨询,有在线咨询的,也有登门交流的。业内人士结合企业实际情况,给新书的知识更新提出了更多更好的实战方法和改进意见。

更鼓舞人心的是,很多企业根据《房地产开发标准化日志》的精神进行了企业标准化建设,并且结合实际的开发情况,按照书中提供的系统方法和知识点,对正在运作的项目进行了优化,效果明显,效益显著。其中有一些企业组织了专项培训,用以提升全员的管理水平、突破人才的瓶颈。

本次在保留首版的优势基础上,又增加30%的提高部分,主要包括:标准化建设、定位、商业,重点讲解如下:

- 标准化建设:实际开发与开发商合作的过程中,几乎无一例外的问道如何进行标准化建设。书中强调了标准化建设的系统方法。分析众多标杆房地产企业运营实践,标准化体系应包括:(1)产品标准化;(2)流程标准化;(3)合约标准化;(4)操作规范标准化;(5)工作成果标准化。

- 定位:在这次的新版中,注重了定位部分的强化,因为在实际案列中,大部分房地产开发企业还未真正掌握定位的要领,定位的体系。在开发过程中见过太多的开发商在定位方面失误,造成不可弥补的巨大损失,这里强调一下,太多的开发商还没有真正认识到定位的重要性,定位就是"定生死"。

- 商业:商业在实际开发中越来愈发重要,一是现实中,很多开发企业普通住宅尚未搞清楚,商业部分更是一头雾水。项目做完,计算利润时,很多企业利润全部压在商业上,更有甚者,因为商业断送了开发商的美好前程。二是目前将商业系统讲解的书籍较少,或具有很强的指导性的书籍更少。商业实际上是利润,也可能是陷阱。

以上这些都给智囊团的成员们巨大的动力,我们积极地编写系列的"房地产标准化日志",包括近期即将面世的《房地产营销标准化日志》,以及未来《房地产设计标准化日志》、《房地产工程标准化日志》、《房地产物业标准化日志》、《房地产景观标准化日志》、《房地产财务标准化日志》等。

我们也希望更多的专家和企业加入到"房地产标准化日志"系列管理体系的建设中来,为房地产的健康持续发展贡献力量。

陈桂林

目 录 CONTENTS

如何使用本日志

前言

引言

第一部分 CHAPTER One 老板境界的修炼

1.1 房地产行业未来十年大趋势　014

1.2 房地产的竞争是人才的竞争　024

1.3 解密开发商的成功密码　026

1.4 房地产公司如何进行运营标准化　028

1.5 高效会议管理标准化　038

第二部分 CHAPTER Two 房地产开发全程控制标准化

2.1 房地产开发关键节点标准化时间进度表　042

2.2 房地产开发全流程控制　044

2.3 项目开发工期计划节点控制流程图　046

2.4 项目质量和进度的49个控制节点计划表　062

第三部分 CHAPTER Three 征地流程标准化

3.1 征地流程标准化　070

3.2 征地调查要素　072

3.3 《土地属性调查表》　074

3.4 征地可行性论证要点　080

3.5 征地决策表　088

3.6 《合作项目决策依据表》　096

第四部分 CHAPTER Four 财务管理标准化

4.1　财务管理要点提示　102
4.2　成本测算示例表　104
4.3　房地产开发全过程成本控制要点　118

第五部分 CHAPTER Five 营销策划标准化

5.1　项目定位流程标准化　130
5.2　项目营销策划管理流程标准化　148

第六部分 CHAPTER Six 设计管理标准化

6.1　项目方案设计流程标准化　174
6.2　项目景观设计流程标准化　204
6.3　项目智能化设计流程标准化　228
6.4　项目部品选择流程标准化　244
6.5　项目体验区设计流程标准化　248

第七部分 CHAPTER Seven 土建工程管理标准化

7.1　六项工程管理要点提示　268
7.2　施工管理四个环节标准化要点提示　272
7.3　水电暖通安装工程要点提示　274

第八部分 CHAPTER Eight 物业管理流程标准化

- 8.1 保洁工作管理标准化　278
- 8.2 安全秩序标准化　284
- 8.3 绿化工作管理标准化　290
- 8.4 服务中心管理标准化　296
- 8.5 物业设备管理标准化　300

第九部分 CHAPTER Nine 商业及商业综合体运作标准化

- 9.1 商业地产及商业设施分类　310
- 9.2 大盘及大盘商业运作标准化　312
- 9.3 社区商业标准化　342
- 9.4 商业综合体标准化——万达商业综合体　358

第十部分 CHAPTER Ten 项目完工后总结

- 10.1 项目计划实施情况表　366
- 10.2 项目经济指标　368
- 10.3 项目现金流量表　368
- 10.4 项目开发各环节总结表　372
- 10.5 合作单位评价表　374

开发阶段: 　　　　　　　　　　　　　　　　年　月　日——　　年　月　日

总结与提升:

引言

得道多助，失道寡助

自2011年起，在房地产调控的过程中，亏钱的、破产的，比比皆是无"道"的开发商，对发展趋势欠缺把握。

有部分开发商侥幸逃脱，可能是开发规律与市场脉搏恰好合拍，实属幸运。谁都想做房地产业的"得道高僧"，能提前预判，但现实却难遂人意。

在房地产调控中，知名房地产企业积极主动应对，以团队力量打造基业常青的产品线，以标准化流程操作实现以不变应万变的目的，是为有道。主动应对的，为大道；被动应对的，为小道；束手待毙的，为无道。

商道至简，大智若愚

企业发展可分为五个阶段，业商，法商，儒商，道商，圣商。

- 业商，创业期，处于无序管理的阶段，老板是全能型选手，个人能力强，黑白干，更多的是靠老板个人支撑企业。
  ——企业大小看老板，最辛苦的是老板，为私利。
- 法商，规范期，处于规范化阶段，完善企业管理机制，强调的是"术"，老板负责，拉一伙人，形成团伙。
  ——企业大小看制度，来得容易，散得也快，为团伙。
- 儒商，精细化期，处于文化建设阶段，开始强调精神层面，除分享物质以外，还强调和平共处，强调伦理，形成团队。
  ——企业内部较为和谐，营造文化氛围，为企业。
- 道商，哲学思想成为决策者的思考标准，强调对"人"的理解，强调对"规律"的认识，判断规律是道商的境界。"天道"、"人道"和"商道"的理解和认识决定了企业的命运，一人得"道"，鸡犬升天。
  ——企业有道，生存长久，不怕风吹草动，能抵御风浪，为行业。
- 圣商：圣人经营的企业，古今中外，极少，帮大家赚钱，还被歌功颂德。
  ——中国近代无圣商，古代的圣商为财神爷，有"财"，可比"神"，称为"爷"，地位至高，为众生。

老板的修为不同，境界不同，道行不同，企业的命运亦不同。

"有错就改，改了就好，改得越快越好。"——毛泽东

开发阶段：　　　　　　　　　　　　　　　　年　月　日——　年　月　日

总结与提升：

谨以此手册献给正在寻找房地产开发成功密码的同行们!

第一部分 老板境界的修炼

1.1 房地产行业未来十年大趋势

1.1.1 房地产行业的大趋势

中国目前房地产行业发展的"驱动"因素

第一因素 政策驱动"巧合"——天道

① 上一个黄金10年
- 上一轮房地产黄金发展周期2000～2010年,大约经历10年,与政府的换届时间及周期有着千丝万缕的联系,这是个"巧合"!也许还会有另一个"巧合"。

② 下一个白银10年
- 下一轮房地产白银发展周期还会跟政府的换届时间有着某种巧合。一些专家说:"中国的房地产、股市是政策市",也许应该更深层次地理解其中的含义。
- 2013年是下一个10年的开始,从"房地产复苏"开始进入新一个轮回。
- 从政策的角度思考,白银十年,会以2年的复苏阶段,3年的增长阶段,4年的繁荣阶段,再进入波动调整阶段,因为这是"天道"需要。

第二因素 中国城市化进程——人道

中国的城市化率刚刚达到50%
- 目前每年城市化率增加1%,按此速度估算,2030年,中国城市化率达到70%以上,基本完成城市化进程,中国房地产进入平稳发展阶段。
- 由城市化进程推动的房地产行业发展还将经历白银10年和黄铜10年。

公司决策依据:
- 区域城市化率达到____%,还有____%的城市化潜力,预计还有____年快速发展期。

第三因素 经济发展及居民收入

① 根据联合国75国统计资料,住宅发展与人均GDP值之间的关系

人均GDP	800～1300美元	1300～8000美元	8000～13000美元
发展阶段	住房起步阶段	快速上升阶段	平稳上升阶段

② 目前中国一线城市人均GDP数值
- 2011年,北京、上海、广州、深圳一线城市人均GDP超过11000美元。
- 2011年,全国二线城市人均GDP超过8000美元。

③ 人均GDP数值并不代表达到发达国家水平
- 虽然一二线城市GDP水平已经基本达到发达国家水平,但是因为我们国家财政、税收的逐级分配,并不能完全说明城市人均的富裕程度。

④ 中产阶级产生,带动改善型购房需求
- 改善型购房需求将成为白银十年房地产行业发展的主要动力。对于改善型需求"度"的把握将成为重中之重。

开发阶段:　　　　　　　　　　　　　年　月　日——　年　月　日

总结与提升:

公司决策依据：

- 区域人均 GDP 达到_____美元，区域人均可支配收入达到_____美元，房地产行业处于_____发展阶段。
- 大批的_____阶层（低收入阶层、中产阶层、富豪阶层）开始产生。
- 居民购房需求集中于_____（刚需、首改、升级、奢华），我们的客户群定位是_____（中低收入、白领、中产、富裕、富豪）。

第四因素　金融政策

① GDP 的波动范围
- GDP 自然增长率是指无通胀的增长。改革开放 30 年来，增长的均值为 9.7%，上下边界为 8%～10.5%，如果按无通胀或通缩的增长为 8.5%～9.5% 区间，自然增长率 9%。

② CPI 的波动范围
- CPI 数值为 5% 时表示温和通胀，10% 以上表示恶性通胀，负值表示通缩，CPI 最佳波动区间为 2%～4%，对应 GDP 自然增长率为 9%。

③ 宏观政策的干预
- GDP 数值连续两个季度负增长则视为衰退。
- GDP 增长和 CPI 波动均超过正常界限，宏观政策干预是必然的。
- GDP 增长过快时，必然伴随着通货膨胀，政府会相应的实行紧缩政策，会出现放贷严、贷款难等情况。反之，GDP 增长过慢，甚至出现负增长时，政府则会出台相应的刺激经济政策。

公司决策依据：

- GDP 数值为____%，CPI 数值为____%，属于通货_____（温和膨胀、恶性通货膨胀、通货紧缩、衰退阶段）。
- 国家宏观政策_____（紧缩、适度紧缩、适度宽松、宽松）。

目前，房地产行业的宏观背景为世界经济衰退、政府换届、金融政策由紧缩转入适度宽松，房地产行业的前景预期需要审慎判断。

二十年后，有道的房地产公司乘风破浪，成为行业领军；
无道的中小开发商或"转行"或"消失"，化为历史的一粒尘埃！

公司决策依据：

- 世界经济发展背景_____（衰退、复苏、繁荣、危机）
- 政府背景_____（换届交替期、平稳期、发展期）。
- 公司的发展战略是____（保守型、稳健型、快速发展型、激进扩张型）。
- 十年后，我的公司会成为区域的_____（万科、龙湖、万达……）。

——做道商，认识规律，运用规律

开发阶段：　　　　　　　　　　　　　　年　月　日——　年　月　日

总结与提升：

1.1.2 未来的竞争——顺势者昌,逆势者亡

就像宇宙拥有它的生命周期一样,世间万物、各行各业都存在自身的发展规律,都有行业的生命周期,认清行业规律,把握时代脉搏,及时调整企业战略方向及发展节奏,顺势而为。

顺势者昌,逆势者亡!

谁看清形势,掌握未来的方向,谁就掌握主动,在竞争中处于有利地位。

让我们认识一下房地产周期的四个阶段

第一阶段　繁荣或疯狂阶段

此阶段比复苏阶段要短,巅峰期稍纵即逝。

具体表现为:

①房地产开发量激增、品种增多,投机者活跃,投机需求高于自住需求。

②地王频出,白面比馒头贵的情况经常出现,土地价格不断攀高。

③外行出现在房地产开发的大军中,各行各业的资金纷纷进入房地产,外行、外企和外地企业成为土地拍卖的主力军。

④政府开始出台调控政策,投机热情继续旺盛,大妈、大婶参与投资买房,自住需求者已经透支,房地产行业的发展进入不可控制的状态。

当投资和投机需求无法转换为消费需求,高房价将真正的自住需求者排斥出市场,而仅靠投机资金支持时,就预示着房地产周期的拐点将至——由盛转衰。

第二阶段　危机与衰退阶段

衰退阶段,即连续两个季度经济出现负增长。

具体表现为:

①新增投资数量下降,销售难度加大,交易量锐减,空置率增加,市场出现悲观情绪,持币观望。

②受一些突发利空性消息或事件影响,房价急剧下降,炒家惊恐抛售,房地产价格暴跌。

③小开发商纷纷破产,部分在建工程烂尾,大量投机者被套牢,血本无归,房地产业失业人数激增。

④土地市场先于房产市场遇冷,工业用地成为招牌挂的主力产品。

⑤国有企业或政府的企业成为土地交易的主要参与方,政府开始自弹自唱。

经过急速而又痛苦的危机爆发后,房地产周期进入持续时间较长的萧条阶段。

第三阶段　萧条阶段

萧条阶段,是一种严重的经济衰退,存在着经济崩溃的风险。

具体表现为:

①房价和租金持续下降,交易量下降,空置率居高不下,大量房地产商破产。

开发阶段:　　　　　　　　　　　　　　　年　月　日——　年　月　日

总结与提升:

②部分开发商和部分涉足房地产的企业，背上债务，长期无法翻身。
③萧条末期房地产泡沫挤出，市场正常需求缓慢增长，政府减少限制性干涉，市场波动开始平稳。
④房地产不再是资金关注的热门行业，客户关注度及热情不高，暂缓购买行为。

房地产慢慢过渡到下一个复苏与增长周期。

第四阶段　复苏与增长阶段

具体表现为：
①销售价格处于低位，萧条期积累的自住需求客户逐步入市。
②投资机会开始出现，投资、投机需求开始复苏。市场交易量增加、空置率开始下降。
③各种因素带动房价继续缓慢回升，市场乐观情绪上升，投资者信心恢复，市场预期趋好，房地产投资逐渐转为旺盛。
④优质烂尾楼逐渐开始启动，不良资产得以翻身，成为短平快的投资好机会。

中国经济受世界经济及国内宏观政策的调整影响，房地产发展周期的四个阶段或长或短，上述特征表现或强或弱。

通过上述阶段的具体表现特征描述，为初步判断房地产发展周期所处的阶段提供依据，并作出相应的企业战略调整。

公司决策依据：

房地产行业具体表现：
- 房地产开发量（□增加 □减少）、土地（□地王 □流拍 □底价成交）、房地产企业（□外行 □外地 □外企 □非品牌 □品牌）
- 购房需求（□自住 □投资 □投机）、开发量（□减少 □小幅增加 □快速增加）、房价（□下降 □稳定 □小幅上涨 □快速上涨）
- 当前的房地产处于＿＿＿＿＿＿＿＿＿＿＿＿阶段。

公司的土地储备（□购入 □出让 □不增不减）

＿＿＿＿＿＿＿＿＿＿＿＿＿＿＿＿＿＿＿＿＿＿＿＿＿＿＿＿

公司的项目开发（□暂缓 □加速 □正常进行）

＿＿＿＿＿＿＿＿＿＿＿＿＿＿＿＿＿＿＿＿＿＿＿＿＿＿＿＿

公司的现金流量（□充足 □紧张 □平稳）（□增加融资 □拓宽融资渠道）

＿＿＿＿＿＿＿＿＿＿＿＿＿＿＿＿＿＿＿＿＿＿＿＿＿＿＿＿

公司的人才储备（□裁员 □招人 □挖人 □培养）

＿＿＿＿＿＿＿＿＿＿＿＿＿＿＿＿＿＿＿＿＿＿＿＿＿＿＿＿

——做道商，大道至简

开发阶段: 　　　　　　　　　　　　　　　　年　月　日——　　年　月　日

总结与提升:

1.1.3 房地产行业进入了调整期

房地产行业经历了黄金十年的快速增长、繁荣阶段,随着 2011 年政府最为严厉的信贷、限购令、保障房政策出台,市场形势急转直下,交易量骤减,购房者由盲目跟风转为消极观望,刚性需求亦暂时放缓,房地产行业进入了调整期。

① 房地产行业的暴利时代终结
- 房地产这个无数次创造财富神话的行业落入凡间,房产作为优质的保值、升值理财产品也被投资者开始用怀疑的目光审视。房地产行业的暴利时代终结了,只要进入房地产就可以创造财富的时代也终结了。

② 房地产的调整期终将过去
- 房地产的未来将何去何从?中国仍处在城市化进程中,购房刚需依然旺盛,随着经济发展和收入提高,住房改善性需求将逐步强烈。房地产的调整期终将过去。

③ 规范标准化的公司才具备竞争力
- 未来的房地产行业竞争更加激烈,对于房地产公司系统化运作、标准化开发的要求越来越高。只有经历过调整期的公司才能够真正地成长,只有不断地总结、学习和规范标准化的公司才具备竞争力。

掌握核心优势,在未来房地产行业健康、稳定、持续发展的十年中,迎接白银十年,成为像万科、龙湖、万达等一样优秀的开发企业。

此部分改进与提高之处:

开发阶段：　　　　　　　　　　　　　　　年　月　日——　年　月　日

总结与提升：

1.2 房地产的竞争是人才的竞争
挖掘房地产企业内部人才优势

房地产人才认知要点

01 未来的竞争——人才的竞争
- 一流的企业拥有一流的人才,二流的企业拥有二流的人才,看看企业的人才是几流的,就知道企业是几流的。
- 优秀的人才是免费的。尽管你支付给优秀人才很高的薪水,但同优秀的绩效相比,薪水的支付是非常值得的。
- 优秀的人才在房地产的管理过程中,随便节约一点成本,与你支付的工资相比,工资支出是微乎其微的。
- 优秀的人才在房地产的管理过程中,稍加努力提高一点价值,所产生的贡献,与您支付的奖金而言,奖金支出是微不足道的。
- 优秀的人才在房地产企业的发展过程中,给您建立标准体系、完善体系,成为您开疆拓土的左膀右臂,与您给的激励措施而言,激励支出亦可谓之沧海一粟。

02 人才的竞争——是机制的竞争
- 一流的企业有一流的老板,二流的企业有二流的老板。
- 一流的老板,搭舞台,建标准,带队伍。
- 二流的老板,抓事情,作指导,干工作。
- 建立企业的人才机制,提供广阔舞台的企业,吸引优秀的人才,企业有空间,个人有前途。

房地产企业人才的专业标准

01 公司管理人才
- 懂得房地产开发的各个环节,清晰地掌握房地产开发过程中的绩效、成本和风险控制要点,能够在管理过程中明确指出工作的方法,针对性强。

02 财务管理人才
- 懂成本控制,在项目初期进行全项目的纳税筹划,实现合理避税。了解吸引投资的方式、方法,在企业需要资金时能提供资金保障。

03 销售管理人才
- 精通房地产销售管理的各个环节要点,熟悉规划设计沟通手段,掌握销售阶段成本控制的关键环节。

04 工程管理人才
- 熟悉并掌握关于开发的全过程技术要点,能参与项目的规划设计控制要求,可以建立工程管理的标准。

05 规划设计人才
- 熟知规划设计的沟通要点,掌握规划设计过程中的成本控制方法,懂得与规划设计签约的关键环节。

06 园林绿化人才
- 能够用有限的资源,创造出动人的园林效果,懂得景观规划的主要控制节点,掌握成本控制的关键方法。

人才的通用标准:能够实现标准化的实施,协助企业标准化的建设。

开发阶段: 　　　　　　　　　　　　　　　　年　　月　　日——　　年　　月　　日

总结与提升:

1.3 解密开发商的成功密码

① 为什么黄金十年未形成自己的品牌？
- 同样是开发商，有的通过房地产黄金十年的积累，形成了知名的品牌。而有的，依然喊着建立品牌的口号，却无法实现。

② 为什么企业越大，老板越忙？
- 同样是开发商老板，有的通过团队的磨炼和复制，可以放手具体事务，而着眼于公司战略、梯队建设。而有的，依然陷入应酬、开会、管理、决策无法脱身。

③ 未来的竞争是开发系统的竞争。
- 房地产公司未来的竞争优势究竟取决于背景、资金、土地、人才、管理还是其他更重要的因素？房地产公司的生死存亡究竟取决于项目定位、规划设计、施工管理、营销推广、资金支持还是其他更重要的因素？如果仅关注其中一两点，无异于盲人摸象，以偏概全。房地产未来的竞争将集中于开发系统的竞争。

④ 到底成功的密码是什么？
- 虽然每个项目都面对不同的地块、定位、设计院、政府管理部门、供应商、施工方、营销策划公司、物业公司、银行等合作伙伴，虽然每个项目都面对不同的天时、地利、人和，但是……

深究这个看似复杂、庞大的系统，其实有规律可循。
掌握了这些规律，就可以将复杂的系统简单化、标准化。
可以少走弯路，直达目的。

而现在，这些规律就掌握在成功的开发商手中，不断地学习、复制、创新，形成适合自己的标准化操作手册，事半功倍。更有助于开发商、老板从纷繁的具体事务中解脱出来，思考企业的发展方向、企业的经营哲学和企业的终极目标。

——做法商，没有规矩不成方圆

未来房地产的发展趋势，主要有细分市场和规模化生产两条道路。无论走哪一条道路，都还存在调整的时机和机会。大型企业依靠成本规模优势，用工业化的方式做"大众住宅"；中小型企业可以通过"精耕细作"，在细分市场中寻找市场。

——冯仑

开发阶段: 　　　　　　　　　　　年　月　日——　年　月　日

总结与提升:

1.4 房地产公司如何进行运营标准化

1.4.1 产品标准化

实现连锁、复制开发

01 项目利润率最大化

- 基本公式：M=S×F（M=利润，S=销售额或营业收入，F=项目利润率）。
- M最大化需要S或F增大，或者二者同时增大。

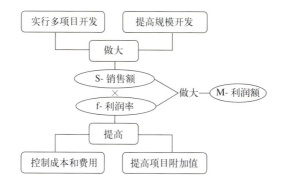

02 产品标准化

- 所谓产品模式标准化就是基于预测和研发的、适合市场需求和自身能力的、可复制开发的、独特的、相对固化的产品线。
- 目前业内一线企业几乎都在积极地推行产品标准化工作。

企业	产品标准化
万科集团	城花系列（城市中心外围住宅）、四季系列（城郊结合部住宅）、金色系列（城市中心住宅）、自然人文系列
龙湖地产	高层低密度住宅系列、地中海式别墅系列、天街系列、大城小院系列
SOHO中国	SOHO系列（SOHO现代城/建外SOHO/SOHO尚都）
世茂集团	滨江豪宅系列（上海、福州、南京、武汉、哈尔滨等）
阳光100	阳光100系列（北京、天津、济南、长沙等城市开发的"阳光100新城"）
万达集团	万达商业广场系列

- 对产品标准化的认识易产生下列误区：
  认为就是简单地复制标准蓝图，事实上所复制的产品线必须是具有核心竞争力的好产品；
  认为是一个项目复制另一个项目，事实上是前期的部分复制，而不是整个项目照搬复制。

开发阶段: 　　　　　　　　　　　　　　年　月　日——　年　月　日

总结与提升:

- 产品标准化的目的是"形而上学"地确定企业的产品线,进而进行复制、连锁开发,以从根本上降低开发成本和费用,提高开发效率和效益。

03 研究、确定产品线(很多大型企业有多条产品线)的工程程序和步骤
- 第一步:根据企业发展规划的"产品战略"和"市场战略"等,调研、分析企业曾经开发过的项目,分析其产品特点,确定出"产品线"数量——确定研究架构和产品线数量。

【示例】某房地产上市企业产品线系列矩阵图:三条产品线				
产品线		纯现代	新中式	微欧
高端住宅产品	系列代号	——	CPX-02	——
	物业类型	——	多层、小高层、高层	——
中高端住宅产品	系列代号	CPX-01	——	CPX-03
	物业类型	小高层、高层	——	小高层、高层

- 第二步:对"产品线"下具有代表性的项目进行标准化分析,包括项目中观区位、建筑风格、项目规模、设计标准等进行步系统分析,确定标准化的产品模式。
- 第三步:确定标准化内容,见下图。产品标准化内容一般包括但不限于以下内容。

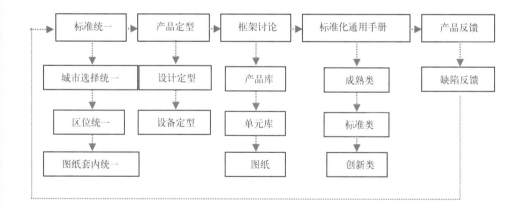

  ★ 总图设计标准化:规划总平面图中的入口、道路、标识、公共设施;
  ★ 建筑风格标准化:如欧式风格、美式风格;
  ★ 建筑立面标准化:选材、色彩、细节;
  ★ 户型标准化;
  ★ 构件标准化:集中采购、节约成本、降低错误率;
  ★ 产品性能标准化;
  ★ 其他产品元素标准化:如会所、大门、围墙等。
- 以产品的"景观模块"为例,要分别确定不同景观风格下的标准化"设计图集"。

开发阶段: 　　　　　　　　　　　　　　年　月　日——　　年　月　日

总结与提升：

风格划分	细分项	子模块编号
三种景观风格	小区围墙	CPX-JG-ZS-01
	入口岗亭	CPX-JG-ZS-02
	车挡	CPX-JG-ZS-03
	景桥	CPX-JG-ZS-04
	景墙	CPX-JG-ZS-05
	水景	CPX-JG-ZS-06
	步道	CPX-JG-ZS-07
	井盖	CPX-JG-ZS-08
	栏杆	CPX-JG-ZS-09
	景观亭	CPX-JG-ZS-10
	车库、自行车雨篷	CPX-JG-ZS-11
	种植搭配	CPX-JG-ZS-12
	绿化面积比	CPX-JG-ZS-13
	室外栏杆	CPX-JG-ZS-14
	标识	CPX-JG-ZS-15
	景观家具	CPX-JG-ZS-16

04 产品模式确定

- 确定开发模式以及连锁开发模式。
  - ★ 项目开发模式：包括投资开发模式、土地获取模式、规划设计模式、工程建设模式、营销模式、商业物业运营模式等；
  - ★ 连锁开发模式：基于同一产品线在不同城市、不同项目上的复制、连锁开发要求，要充分明确项目的城市选择、项目选址、开发流程、项目组织管理、计划与目标管理、财务管理、风险控制等内容。

05 最终成果

- 每一条产品线都要分别形成《项目开发手册》和《产品技术标准》两份工具手册。其中《产品技术标准》应以标准图集的形式，并包括产品标准化的各项内容。总之，要完全具备可以复制、连锁开发的基础。

开发阶段: 　　　　　　　　　　　年　月　日——　年　月　日

总结与提升:

1.4.2 流程标准化

异地化、多项目开发的基础

01 首先,每一条产品线都应该分别建立不同的项目开发流程,并形成《项目开发流程手册》。例如,某房地产企业有三条产品线,那么就应该建立不同的开发流程体系,对应关系示例如下。
- ◆ A 项目模式——城区高层电梯公寓产品线——《A 项目模式开发流程手册》。
- ◆ B 项目模式——低密度项目产品线——《B 项目模式开发流程手册》。
- ◆ C1 项目模式——销售型商业地产产品线——《C1 项目模式开发流程手册》。
- ◆ C2 项目模式——持有经营型商业地产产品线——《C2 项目模式开发流程手册》。

02 其次,每类项目模式的开发流程应涵盖项目开发全程、各项工作的流程,至少包括但不限于以下方面。
- ★ 项目管控模式及组织管理;
- ★ 项目目标管理;
- ★ 项目规划设计管理;
- ★ 项目成本管理;
- ★ 工程组织建设管理;
- ★ 客户关系管理;
- ★ 项目开发全程应急事件预案管理。
- ★ 项目开发计划管理;
- ★ 项目获取管理;
- ★ 项目报批报建管理;
- ★ 供方资源与招标采购管理;
- ★ 项目营销管理;
- ★ 项目结案及项目后评价管理;

03 项目开发全程风险预警与控制
- ◆ 流程标准化是针对某一产品线或特定产品模式的标准化,是基于不同企业、不同产品线差异性而建立的开发流程——差异性是流程标准化的基础。但令人遗憾的是,至今仍有许多企业在机械地照搬杠杆企业的开发流程体系,也有为数不少的咨询机构在贩卖杠杆企业的管理模式,实在是有误人之嫌。
- ◆ 特别应该注意的是,只有在流程规范化工作完成后,企业才具备导入信息化系统的基础。大量实践证明,在没有完善流程制度前先导入这些信息化系统,属于典型的"本末倒置"错误。许多房企花费了几百万元、上千万引进的信息化系统大多都束之高阁。前车之鉴,应当铭记!

1.4.3 合约标准化

降低履约风险的根本保证

合约标准化就是建立统一的、规范的、可执行的合同范本。
01 存在的问题(以户外广告合同为例)
- ◆ 大多数房地产企业所签订的《户外广告发布合同》都是广告公司提供的"格式合同",其中隐含着许多不利于开发企业的条款。

开发阶段: 　　　　　　　　　　　　　　年　月　日——　年　月　日

总结与提升:

- 即便是同一家企业的不同项目公司所签订的《户外广告发布合同》条款内容也有很大差异——不仅徒劳增加大量重复性的合同洽谈工作,而且其中可能隐藏着可以寻租的利益空间,还加大了履约风险。

02　企业建立合约标准化的方法（以户外广告合同为例）
- 研究、总结各个项目公司所签订的《户外广告发布合同》。
- 借鉴其他企业的履约经验、纠纷案例及教训,总结出企业自己的。比如有50项条款的标准化《户外广告发布合同》,要求相关部门和项目公司,其中45条不得变通,其中5条可以在公司设定的"红线"内发挥各自的谈判能力;广告公司在认可标准化《户外广告发布合同》内容的情况下才可以合作,那么,合作风险将大大降低。
- 以此类推,企业可以在内部推行标准化合同文本。房地产企业的对外商务合同可以划分为8类,50多种合同。

1.4.4　操作规范标准化

减少失误,从根本上提高工作绩效

01　操作规范不同于GB/T国家标准规范,它可以视为指导企业内部各项工作的技术标准,或者依据企业实际情况所编制的企业规范。
- 企业的操作规范应高于GB/T国家规范的标准,即前者比后者标准要高。而且,企业大多数工作,往往是国家规范没有涉及的,只能由企业自行编制。例如《工程质量标准》、《建筑防渗防漏操作规范》、《项目成本基础条件调研、测算规范》、《A项目模式标准化成本定额》等。

02　以《项目成本基础条件调研、测算规范》为例。我们知道,如果待开发土地上有输电塔之类的构筑物是很难移走的,很多企业曾经在这方面犯下错误,其结果是延迟了开工时间,甚至还不得不变更规划方案。要避免这种简单的错误,企业就应该对项目的基础条件进行全面的调研。根据兰德咨询公司总结、研究的结果,调研涉及供电工程、给水工程、排水工程、采暖工程、煤气管道工程、通信系统及其他等七个方面、四十多项。以"供电工程"为例,就涉及11项内容。
- 确定项目所在区域市政供电路线图;
- 确定项目所在区域高压系统示意图;
- 确定项目所在区域总体供电容量及周边电力负荷;
- 估算拟开发项目的用电容量;
- 当地供电（局）所总体供电规划;
- 当地供电（局）所对用户供电及报装的有关规定;
- 当地供电所对变压器选型的要求;
- 周边其他地产项目供电造价情况;
- 确定电力接口位置及距离项目红线边距离;
- 项目用地范围内是否有高、低压输电线路和设施;
- 是否需要设置变电所。

开发阶段:　　　　　　　　　　　　　　年　月　日——　　年　月　日

总结与提升:

调研时，每一项内容都要进行指标性描述，并分析"对产品设计的影响"和"对产品成本的影响"。只有这样，才能更加准确地进行前期成本测算和产品策划，才不会重复本企业或其他企业曾经犯过的错误及所经历过的惨痛教训。

有人说，企业少犯错误就是效益，这话不无道理。显然，建立并推行一套全面的操作规范和技术标准是根本之策。

1.4.5 工作成果标准化

各项工作输出、输出成果的标准化

房地产企业如果要根本上提高开发效率和工作质量，还要建立一套标准化的工作模板。房地产企业标准化工作模板就是各项工作标准化的输入、输出成果，包括各种各样的标准表单、计划、请示、报告、方案书等。

如果各项工作成果都能标准化、模板化，例如工程管理有《工程建设管理方案书》模板，成本分析有《成本分析报告》模板，设计委托有《设计委托书和设计要求》模板，那么无论是哪个人，哪个项目部，哪怕是人员变更，都要遵照模板要求的内容及深度来工作——模板中的"空白"必须填满。这在最大程度上避免了不同部门、人员、项目部因为工作经验、习惯、能力或责任心大小等的不同而形成良莠不齐的工作成果。缺乏标准化，既不利于绩效评价，也不利于领导审核、审批。反之，实现标准化，就能最大程度地弱化人为因素，确保工作成效。

1.5 高效会议管理标准化

01　会议流程标准化
- 会议主持人（协调人）为提出议案的人。
- 会议主持人（协调人）根据会议议题确定参会者、会议时间，通知人员参会，主持会议。
- 会议内容：阐述会议背景、会议目标（具体要做什么事情），当场征询意见，参会者就议题发表观点，达成最终协议，安排后续工作。
- 议程需要有一定的灵活性，议程迫使参会者仔细思考自己希望在会议上所达到的目标以及如何最好地去达成这样的目标。

02　参会者要求
- 鼓励参会者发言。
- 带着资料开会，会议以数据为依据。

开发阶段： 　　　　　　　　　　　　　　　　年　月　日——　年　月　日

总结与提升：

03 会议决策者要求

- 会议决策者在会议中扮演重要角色，决策者必须要有权威。
- 如参会者对提议均认同，则决策者直接决定。
- 如参会者对某些环节存在争议，在不违反原则的前提下，由决策者直接拍板决定。
- 如决策者认为信息不全面，则下次会议再决策，但必须明确时间节点。
- 若在开会过程中涉及原会议议程没有的话题，如果决策者觉得很重要，则可加入会议议程；如果不是很重要，则无需加入，减少会议的时间。
- 为了增强会议的有效性，对于比较有争议的事情，决策人应该根据争议的焦点来迅速做出判断和决定。若无法做决定，则放入下次会议议题。

04 会议记录人员标准化

- 会议要有专门的会议记录人员，会议进程中要同时进行会议纪要的同步展示，以确保参会人员能在会议上达成真正的一致。通过制作一份官方的纪要，可以最大程度地消除不准确性和不一致性。
- 会议结束后为未能参加会议的相关人员发送一份会议纪要，保证未参加会议人员能了解到本次会议的主题内容。
- 未来的工作以标准的官方会议纪要作为参考。

05 开好会议要点标准化

- 忠于时间：任何会议都要有明确的时间。为了给会议增加点压力以保持参会人员的注意力，会议可以准备能投射到墙上的巨大的计时器，以友善、有趣的方式明确会议时间。
- 忠于会议的主要目标：会议无非三个目的：管理、沟通、决策，而无论哪个目的最主要都是以行动为焦点。例如讨论要采取什么行动，上次行动的结果如何，或是在不同的行动的方案中选择一个，避免没有讨论行动的会议。
- 发言顺序选择：根据会议的内容和形式由会议组织者决定发言顺序，可顺序发言，也可自由发言。最后由会议组织者根据会议主要的意见进行总结发言，形成最终决议。

此部分改进与提高之处：

_____

_____

_____

_____

_____

开发阶段: 　　　　　　　　　　　　　年　月　日——　年　月　日

总结与提升：

第二部分　房地产开发全程控制标准化

2.1　房地产开发关键节点标准化时间进度表

我要完善房地产开发的各个环节，制定出符合企业特点的标准。

01　年　月　日前完善整合理想资源和专家团队标准。
02　年　月　日前完善开发全流程控制标准。
03　年　月　日前完善取得土地就占得先机的标准。
04　年　月　日前完善详细、全面、真实的市场调查标准。
05　年　月　日前完善招投标，选择适合的合作伙伴的标准。
06　年　月　日前完善选择适合的营销策划公司标准。
07　年　月　日前完善准确的项目定位标准。
08　年　月　日前完善选择适合的规划方案设计单位标准。
09　年　月　日前完善通过方案设计来表达、升华定位标准。
10　年　月　日前完善景观设计标准。
11　年　月　日前完善智能化系统标准。
12　年　月　日前完善扩初设计管理标准。
13　年　月　日前完善项目部品标准。
14　年　月　日前完善施工图设计标准。
15　年　月　日前完善挑选适合的供应商进行材料采购标准。
16　年　月　日前完善土建施工管理标准。
17　年　月　日前完善设计体验区示范标准。
18　年　月　日前完善掌控营销节点及策略标准。
19　年　月　日前完善销售过程管理标准。
20　年　月　日前完善销售后期管理标准。
21　年　月　日前完善与营销策划公司的合作要点标准。
22　年　月　日前完善通过全程的财务管理实现预期利润标准。
23　年　月　日前完善物业管理公司及物业管理交接标准。
24　年　月　日前完善顺利入住交房、办理产权标准。
25　年　月　日前完善项目完成后复盘总结标准。

深究这个看似复杂、庞大的系统，其实有规律可循，我要严格按照这个体系规范，一劳永逸。

> 通过房地产白银十年的积累，我要形成（□区域、□全国）知名的品牌。
> 我要着眼于公司战略、团队建设、完善标准。
> 通过团队复制，可以放手具体事务，避免陷入杂务无法脱身。

——做法商，规范企业制度

开发阶段: 　　　　　　　　　　　　　　　年　月　日——　　年　月　日

总结与提升:

2.2 房地产开发全流程控制

房地产开发全流程控制要点

多数中小开发商建设周期长,主要原因是环节控制不到位,造成了工期一拖再拖,影响效益。

根据开发全流程控制,要求各个环节的时间进度,确保按期完成。需要重视以下几点:

① 科学计划
- 合理控制开发时间,确保开发按期完工,周密完善的项目建设工期计划安排必不可少。

② 统一部署
- 各部门、各工种的统一协调、统一部署,共同参与制定计划,是达成良好结果的前提。

③ 合理时间
- 时间计划一定要共同制定,不要强压下达,否则拖延工期,无法按期完成是在所难免。当然也要避免各个部门为了降低工作强度,有意延长时间。

此部分改进与提高之处:

_____

_____

_____

_____

_____

_____

_____

_____

开发阶段: 　　　　　　　　　年　月　日——　　年　月　日

总结与提升:

2.3 项目开发工期计划节点控制流程图

以下控制流程图仅供参考，根据企业部门实际情况及开发节奏相应调整。

01 项目开发理想资源及专家团队整合

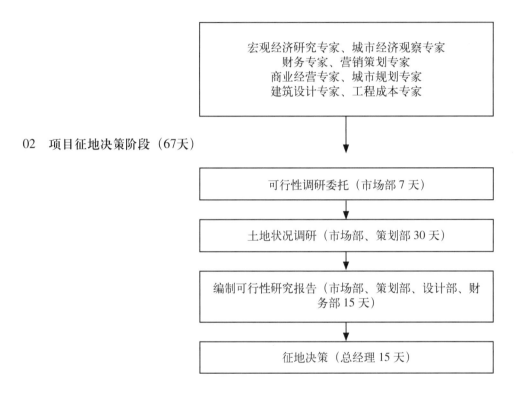

02 项目征地决策阶段（67天）

03 项目征地及立项阶段（65天）

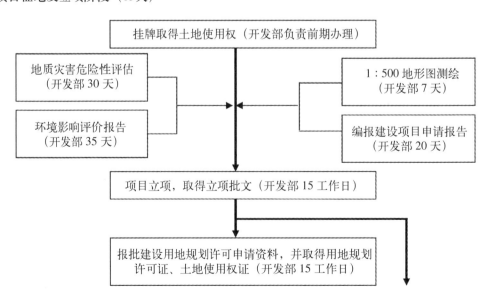

开发阶段： 　　　年　月　日——　　年　月　日

总结与提升：

04　确定合作团队及项目定位（107天）

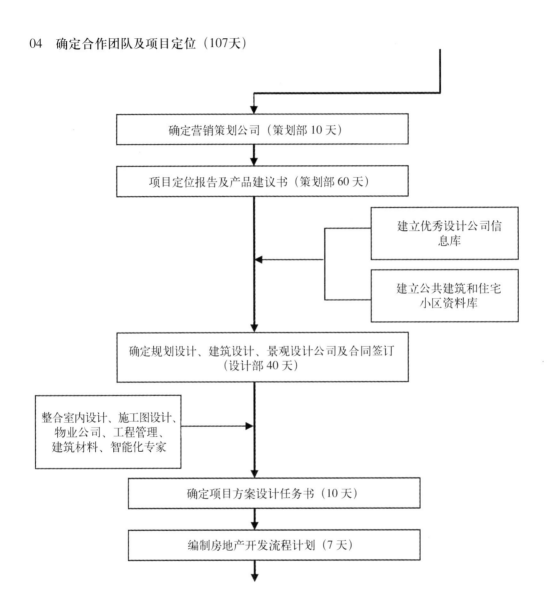

开发阶段:　　　　　　　　　　　　年　月　日——　　年　月　日

总结与提升:

05 规划及设计阶段（220天）

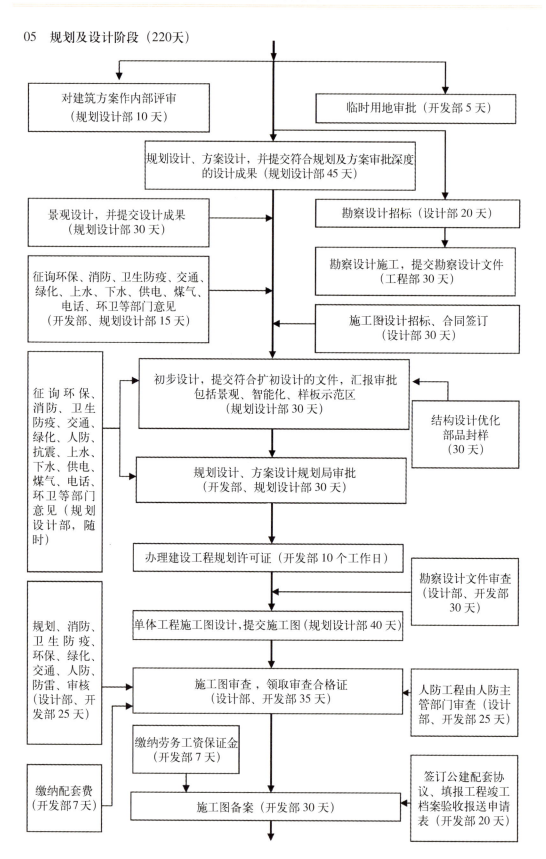

开发阶段: 　　　　　　　　　　　　　　　年　月　日——　年　月　日

总结与提升:

06 招投标阶段（80天）

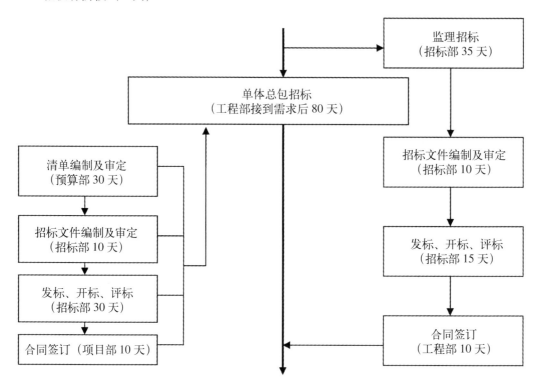

07 建设手续办理阶段（45天）

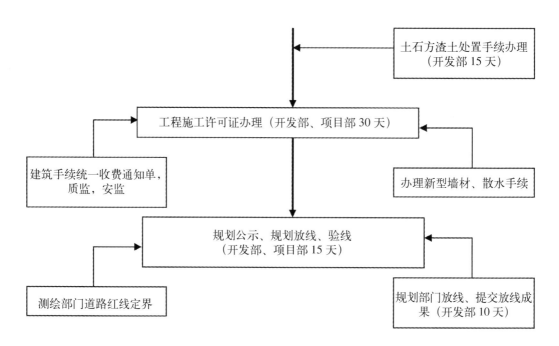

开发顺经　　　　　　　　　　年　月　日——　年　月　日

总结与提升：

08 单体工程施工实施阶段（多层12个月，24层以下高层16个月，24层以上高层18个月）

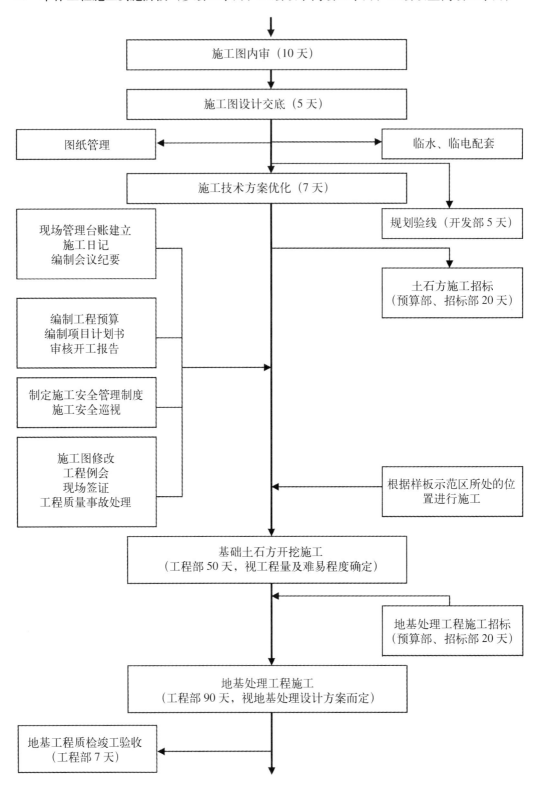

开发阶段:　　　　　　　　　　　　　年　月　日——　年　月　日

总结与提升:

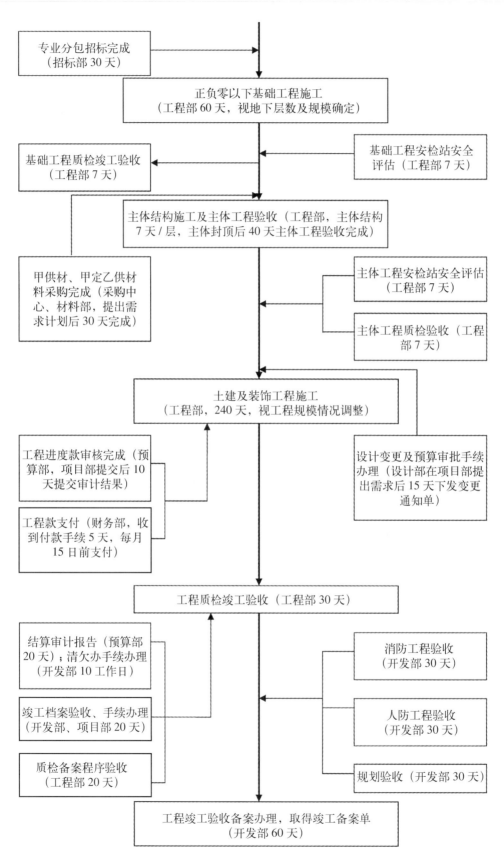

开发阶段：　　　　　　　　　　　　　　年　月　日——　年　月　日

总结与提升：

09　室外配套工程施工阶段（150天）

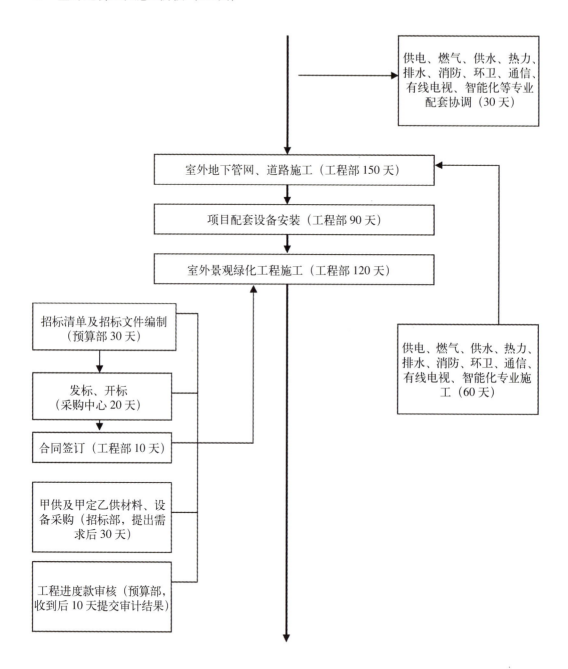

开发阶段: 　　　　　　　　　　　　　年　月　日——　年　月　日

总结与提升:

10　项目销售阶段（根据项目对利润及现金流的情况确定销售周期）

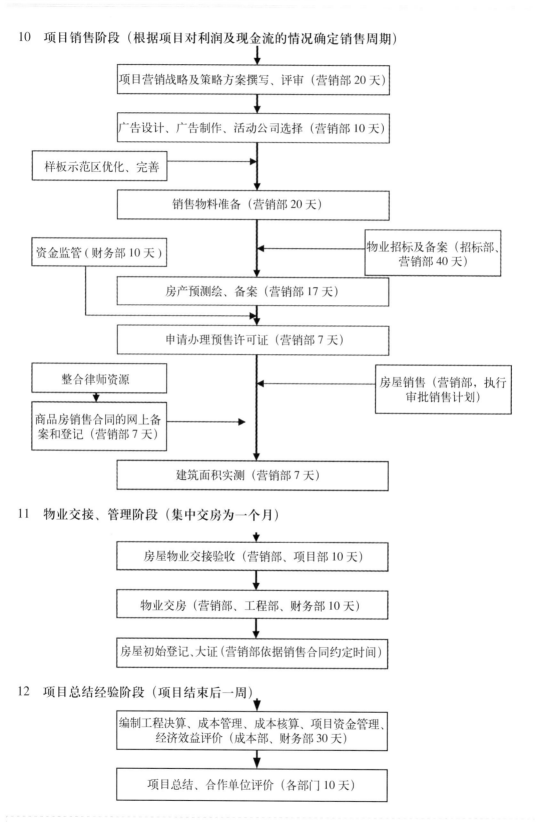

11　物业交接、管理阶段（集中交房为一个月）

12　项目总结经验阶段（项目结束后一周）

以上推进阶段自土地摘牌完成至交房，计划控制时间总计约 2.5～3 年。

开发阶段：　　　　　　　　　　　　　　年　月　日——　　年　月　日

总结与提升：

2.4　项目质量和进度的49个控制节点计划表

——抓住关键环节，控制目标达成

> **关键路径管理法**
>
> 　　开发全过程管理，重点工作应从关键环节及最长路径抓起，提前计划、组织、落实责任人，确保项目关键环节及最长路径按计划完成，才能保证整体周期按计划完成。
> 　　在整个开发的过程中，要不断地寻找影响工期的关键环节及最长路径，做到提前准备、提前沟通，把问题和矛盾提前预判、分解、消化。

项目名称：

序号	节点名称	计划开始时间	计划完成时间	计划工作日	实际开始时间	实际完成时间	实际工作日	备注
一、前期阶段								
1	项目公司成立							
2	可行性研究报告批复取得							
3	土地计划的指标申请							
4	项目建议书的申报与批复							
5	《建设项目选址意见书》批复取得							进度节点
6	修建性详规审批完成							
7	《建设用地批准书》取得							考核节点
8	《建设用地规划许可证》取得							进度节点
9	土地测绘							
10	土地使用权初始登记完成							
11	地质勘察完成							
12	产品定位报告完成							
13	建筑方案取得批复意见							进度节点
14	建筑设计方案审批完成							进度节点
15	扩初设计的批复							质量节点
16	"三通一平"完成							进度节点
17	工程报建完成							
18	《建设工程规划许可证》取得							进度节点
19	施工图设计与审查完成							
20	住宅公建配套计划审核完成							质量节点
21	住宅新开工项目内部登记完成							
22	工程监理合同与大纲							
23	施工总包单位招标与合同							
23.1	总包施工安全协议							
23.2	总包现场文明施工协议							

开发阶段: 　　　　　　　　　　年　月　日——　　年　月　日

总结与提升:

序号	节点名称	计划开始时间	计划完成时间	计划工作日	实际开始时间	实际完成时间	实际工作日	备注
24	《建设工程施工许可证》取得							进度节点
25	申请开工灰线验收							
26	售楼处/会所/样板房/实品屋							质量节点
26.1	售楼处/样板房土建工程							
26.2	售楼处/样板房/实品屋装修设计							
26.3	售楼处/样板房/实品屋装修装饰施工							
26.4	售楼处/样板房/实品屋配套工程							
27	商品房面积预测报告取得							
28	《预售许可证》取得							进度节点
29	开盘							考核节点
二、地下基础工程阶段									
30	桩基工程施工							考核节点
30.1	桩基础施工							
30.2	桩基础验收与整改							
30.3	基坑围护							质量节点
30.4	井点降水							
31	基础工程施工							考核节点
31.1	机械挖土							质量节点
31.2	地下室施工							
31.2.1	地下车库							
31.2.2	人防结构							
31.3	±0.00结构验收							质量节点
三、主体结构工程阶段									
32	主体结构施工（高层：分栋/多层：分批）							进度节点
32.1	±0.00以上裙房结构施工							
32.2	标准层结构施工							
32.3	结构封顶验收							质量节点
32.4	水箱、电梯机房及屋面构架等							
四、建筑安装工程阶段									
33	建筑分部工程施工（各栋/批单体建筑）							进度节点
33.1	砌体工程							
33.2	楼地面工程							
33.3	室内粉刷							
33.4	外墙粉刷							
33.5	门窗框安装							
33.6	阳台拦板							

开发阶段: 　　　　　　　　　年　月　日 —— 　年　月　日

总结与提升:

序号	节点名称	计划开始时间	计划完成时间	计划工作日	实际开始时间	实际完成时间	实际工作日	备注
33.7	门窗扇与细木制品工程							
33.8	内墙涂料及油漆							
33.9	外墙（涂料）饰面							
33.10	屋面防水、隔热工程							
33.11	公共部位（门厅）精装修施工							
34	水电安装工程及其他（各栋/批单体建筑）							进度节点
34.1	水电安装							
34.1.1	给水安装							
34.1.2	排水安装							
34.1.3	电气安装							
34.1.4	煤气安装							
34.2	消防安装							
34.2.1	消火栓							
34.2.2	水喷淋							
34.2.3	烟感温感							
34.2.4	中央控制室							
34.2.5	机械送排风							
34.2.6	联动防火门							
34.3	电梯工程安装与调试							
34.3.1	电梯安装现场条件落实							
34.3.2	安装施工进场							
34.3.3	安装与装修施工配合							
34.3.4	调试与试车							
34.3.5	行政验收与运行许可证							
34.4	脚手架（塔吊）拆除清场							
35	单体竣工验收							考核节点
35.1	主体结构							
35.2	外门、窗、上下水管、电器开关等							
35.3	装饰面							
五、总体竣工阶段								
36	施工产品成品保护							质量节点
36.1	售楼处、样板房、实品屋							
36.2	大堂、门厅、电梯表面保护							

开发阶段: 　　　　　　　　　　　　　年　月　日——　年　月　日

总结与提升：

序号	节点名称	计划开始时间	计划完成时间	计划工作日	实际开始时间	实际完成时间	实际工作日	备 注
36.3	楼房外墙色面、室内窗框、门槛等							
36.4	小区道路、围墙、绿化、景观小品等							
37	室外雨、污水工程							
38	配套工程室外管线施工完成							质量节点
38.1	环卫环保工程							
38.2	煤气配套工程							
38.3	水泵房工程							
38.4	上水配套工程							
38.5	供电配套工程							
38.6	电话配套工程							
38.7	有线电视工程							
38.8	智能化宽带网络工程							
39	道路广场与围墙工程							进度节点
40	景观工程施工完成							进度节点
41	健身与娱乐设施安装							
42	项目竣工验收与整改							质量节点
42.1	小区智能化安保系统开通验收							质量节点
43	工程技术档案验收完成							进度节点
44	项目竣工验收（备案）开始							
45	《住宅交付使用许可证》取得							考核节点
46	物业验收与交接完成							进度节点
47	工程竣工决算完成							进度节点
48	房产大产证办理完成							质量节点
49	项目后评估工作完成							考核节点

项目总经理签字：
设计部经理签字：　　　　　　开发部经理签字：　　　　　　工程部经理签字：
销售部经理签字：　　　　　　成本部经理签字：　　　　　　财务部经理签字：

以上环节为房地产开发全过程关键环节，请根据公司及项目情况，按此方式梳理，并制订详尽、可执行的工作计划。如需专家指导，请登录www.xlhgw.com免费咨询。

开发阶段: 　　　　　　　　　　　　　年　月　日——　年　月　日

总结与提升:

第三部分　征地流程标准化

3.1　征地流程标准化

> **房地产开发的至理名言**
>
> 第一是地段，第二是地段，第三还是地段！
>
> ——李嘉诚
>
> 虽然每个房地产的职业经理人、老板、投资商、甚至置业顾问都在入行的时候就听说这句话，但真正能听懂、并且能在实际征地决策中运用这句至理名言的开发商少之又少。
>
> 没干过十年以上房地产开发，没开发过五种以上不同形态的房地产产品，千万不要说懂这句话的含义。太多的开发商败在了一个项目上，主要因为对地段的理解出现偏差。
>
> 万科、龙湖的征地标准化，目前是房地产企业最规范的，值得正在积极开疆拓土的成长企业参考。

01　征地决策是最重要的决策之一
- ◆ 征地是项目开发流程中最重要的环节，也是总经理作出的最重要的决策之一。
- ◆ 地块取得过程中需要调查的要素是否全面、论证依据是否真实、论证方法是否科学、论证结论是否准确都直接影响地块取得的决策过程。

02　征地选择是各种要素综合评价后的决策
- ◆ 开发商往往有"成熟地块风险低"的判断。
- ◆ 但是核心地段的土地成熟，地价也会相应高起，同时地块取得过程中竞争也会激烈、地块取得的难度增加。宏观调控对于豪宅、高端产品的影响程度亦是更大。
- ◆ 非核心地段的土块成熟度低，但往往也伴随着地价优惠、竞争少、地块取得容易。
- ◆ 开发商还会有"便宜地块风险低"的判断。
- ◆ 但是便宜地块往往位于非核心地段，存在成熟度低、客户认可度低、未来销售难度大等问题。

03　老板在征地决策中还需要考虑与公司战略的关联性
- ◆ 在征地决策过程中还应考虑地块价值与公司的产品线是否相协调。
- ◆ 与公司的管理团队是否相适应。
- ◆ 与公司的发展战略是否相一致。
- ◆ 与公司的资金平衡是否相冲突等众多关联要素。

开发阶段： 　　　年　月　日——　　年　月　日

总结与提升：

3.2 征地调查要素

01 地块所在城市的宏观背景
- 城市面积
- 本地及外来人口
- 行政区划
- GDP 及人均可支配收入
- 对外交通
- 城市资源
- 产业发展等

02 地块所在城市的相关政策
- 房地产政策
- 城市规划方向
- 功能分区等

03 地块自身的情况调查
- 地理位置
- 地块四至及规划道路
- 规划指标
- 地质地貌状况
- 地块内市政配套
- 地表建筑及构筑状况

04 地块周边配套及竞品调查
- 周边环境
- 城市配套
- 周边产业
- 周边竞争楼盘

05 地块相关特征调查
- 土地性质
- 土地权属状况
- 土地价格
- 征地手续
- 土地 SWOT 分析

市场调查的准确程度是决策是否正确的重要前提。准确、真实的市场调查才能提供正确决策的依据。

"回家"填表、"好像是"回答、"上网"数据收集是误导决策的常见问题。

总结与提升：

3.3 《土地属性调查表》

项目名称：		实地勘查时间：			负责人：	
类别			具体内容			
区位与周边道路	城市：		行政区：		板块：	
	东至：	(名称/宽度/级别)			不利影响：□无 □有（内容）	
	南至：	(名称/宽度/级别)			不利影响：□无 □有（内容）	
	西至：	(名称/宽度/级别)			不利影响：□无 □有（内容）	
	北至：	(名称/宽度/级别)			不利影响：□无 □有（内容）	
	规划道路	名称（ ）实施时间（ ）建成时间（ ） 代建：□否 □是				
		名称（ ）实施时间（ ）建成时间（ ） 代建：□否 □是				
	内部道路	□无 □有 名称（ ） 宽度（ m） 级别（ ）				
规划指标	占地面积： m²		代征地面积： m²		净地面积： m²	土地用途：
	容积率：		绿地率：		建筑密度：	建筑限高： m
	日照限制：		车位配比：			
	计容积率建筑面积： m²	其中可售面积： m²		其中住宅可售面积： m²		
				其中非住宅可售	办公楼： m²	
					商业： m²	
					车库（不含地下）： m²	
		其中不可售面积： m²				
	不计容积率建筑面积： m²	其中可售面积： m²				
		其中不可售面积： m²				
	总建筑面积： m²	总可售面积： m²		非住宅可售面积占总可售面积比例： %		
	90/70 要求：□无 □有			是否长线项目：□否 □是 预估开发周期： 年		
	配套要求：					
	其他规划要点：					
地价	价款构成（含土地出让金/配套费/拆迁费等）：					
	起拍总价： 万元		起拍亩单价： 万元/亩		起拍楼面单价： 元/m²	
	预计总价： 万元		预计亩单价： 万元/亩		预计楼面单价： 元/m²	
	预计涨幅： %					
	付款条件及比例：					
	上年度该城市总价地王	名称：	总建面： 万m²	总地价： 亿元	楼面单价： 元/m²	竞得人：	竞得日期：
	上年度该城市楼面单价地王	名称：	总建面： 万m²	总地价： 亿元	楼面单价： 元/m²	竞得人：	竞得日期：

开发阶段: 　　　　　　　　　　年　月　日——　年　月　日

总结与提升:

类别		具体内容					
是否涉及拆迁 □无 □有		现状建筑物：			拆迁规模：		
		拆迁人：			拆迁费用：		
		交地日期及条件：					
环境评价		实施调查机关：			实施调查时间：		
		调查结果：					
		处理方案：					
外部时间节点是否满足内部决策流程 □无 □有		公告日期：		交保证金日期：	保证金金额：		报名日期：
		挂牌/竞拍日期：			预计总价是否超过限制：□无 　　□有		
		预计立项会日期：			预计决策会日期：		
周边环境	农地	□无 □有	（名称/规模/距离）		开发是否受限（		）
	水资源	□无 □有	（名称/规模/距离）		开发是否受限（		）
	机场	□无 □有	（名称/规模/距离）		开发是否受限（		）
	树木	□无 □有	（名称/规模/距离）		开发是否受限（		）
	高压线	□无 □有	（名称/规模/距离）		能否入地或迁移：□不可 □可 相关费用（		）
	输油/气管道	□无 □有	（名称/规模/距离）		能否入地或迁移：□不可 □可 相关费用（		）
	历史古迹	□无 □有	（名称/规模/距离）		开发是否受限（		）
	火葬场/坟墓	□无 □有	（名称/规模/距离）		能否入地或迁移：□不可 □可 相关费用（		）
	垃圾处理站	□无 □有	（名称/规模/距离）		能否入地或迁移：□不可 □可 相关费用（		）
	其他	□无 □有	（名称/规模/距离）		开发是否受限（		）

		名称	距离	等级说明（招生容量、范围等）	补充说明及评价
周边配套现状及规划	学校	幼儿园			
		小学			
		中学等			
	医院				
	商业设施				
	休闲娱乐				
	交通	名称	站点距离	方向	
		公交线路			

总结与提升：

周边配套现状及规划	轨道交通				
	快速路		（路况、道路等级、距离重点商圈的行车时间等）		

周边产业	主要企业名称	
	企业数量、行业、规模等描述	
	产业人群数量、收入情况描述	
	其他	

地块内（山地、河道、湖泊、沟渠、涵管等）	市政配套	名称		接入位置	容量	市政单位	初步费用征询
		上水通	□无 □有				
		雨污水	□无 □有				
		电力	□无 □有				
		煤气	□无 □有				
		通信	□无 □有				
		有线	□无 □有				
		供热	□无 □有				
	开发限制	地质、水文状况是否限制开发：□无 □有 （内容： ）					
		地形是否限制开发：□无 □有 （内容： ）					
		其他限制：					

周边楼盘	在售（含已售）	名称	距离	规模	产品类型	装修	价格	去化情况	开发商
	未售（含地块）	名称	距离	规模	产品类型	预计上市间		预计格	预计上市量
									（年／量）

所需附件	○ 地块现状图　　　　○ 待拆建筑物图 ○ 周边环境及分布图　○ 周边配套图 ○ 控规图　　　　　　○ 市政配套图 ○ 周边楼盘分布图　　○ 其他

开发阶段：　　　　　　　　　　　　年　月　日——　　年　月　日

总结与提升：

3.4 征地可行性论证要点

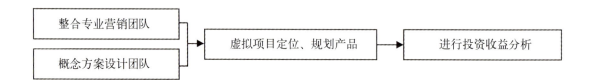

可行性报告内容要点

01 外部环境
- 交通系统、城市功能、区域开发重点、政府重大政策等。
- 在城市的历史、经济、文化、战略发展等方面的地位。
- 项目渊源、政治或文化背景等。

02 内部因素
- 对公司发展战略、发展规划的意义（一般 3～5 年）。
- 进入重点市场、提高市场覆盖率、提升品牌形象、降低经营风险、扩大社会影响力。
- 从公司的利润需求、可持续经营等角度评估。

03 宗地位置

04 宗地现状
- 四至范围、地势状况、自然标高、与周边地势比较。
- 地面现状：是否有水渠、沟壑（小峡谷）、池塘及高压线等，考虑得失。
- 地面现有居民情况。
- 地下情况：包括管线、地下电缆、暗渠、地上建筑物原有桩基及地下建筑/结构等，地上地下有没有文物古迹、可利用的构筑物。
- 土地的完整性，是否有市政代征地、市政绿化带、市政道路、名胜古迹、江河湖泊等因素分割土地。
- 地质情况：包括土地结构、承载力、地下水位和抗震性要求。

05 项目周边配套
- 交通状况。
  ★ 公交 ★ 出行交通 ★ 规划中的地铁、轻轨 ★ 飞机 ★ 码头
- 教育、医疗、购物、文化、体育、娱乐、公园、银行、邮局等。

06 项目周边环境
- 治安情况、空气状况、噪声情况、污染情况、危险源情况等。
- 景观、风水、规划中环境的变化，如道路拓宽、工厂搬迁、大型医院、学校、购物中心/超市建设等。

开发阶段: 　　　　　　　　　　　　　　　　年　月　日——　　年　月　日

总结与提升:

07 大市政配套
- 道路现状及规划发展。
- 供水、污水、雨水排放、通信、永久性供电和临时用电、燃气、供热等,距宗地距离、接口位置、接入成本及未来规划、扩容和实施时间。

08 规划控制要点
- 总占地面积、代征地面积、净用地面积、绿化面积、道路面积。
- 住宅、公建建筑面积、公建的内容。
- 综合容积率、住宅容积率、建筑密度、控高、绿化率。

09 土地价格
- 总地价、楼面地价。

10 合作方式及条件
- 合作方基本情况:股东、注册资本、名称、成立时间、特殊背景等。
- 合作方式:
  - ★ 一次性买断土地   ★ 建后分房(面积)   ★ 建后分销售收入
  - ★ 建后分利润   ★ 共同设立公司等
  - ★ 提供正规税务发票   ★ 是否有承担营业税的义务
- 付款进度及与拿地程序的配合。

11 土地法律性质评估
- 现状,所有权、使用权归属、土地用途。
- 规划,所有权、使用权归属、规划用途。

12 取得土地使用权程序评估
- 取得土地的程序、需要的工作日、所需条件、风险及控制。

13 土地性质变更的评估
- 土地性质变更的程序、理由、政策支持或障碍、工作日、风险评估等。

14 土地相关事项总结评价

15 市场分析
- 区域住宅市场、形成时间、档次、购买人群。
- 区域住宅市场近3年成长状况:开工量/竣工量、销售量/供需比、售价。
- 区域市场在市内各项指标的排名状况及发展趋势。

16 区域内供应产品特征
- 各档次产品供应状况、集合特征。
- 与本案类似档次物业的特征,平均售价、开发规模、产品形式、平均消化率、平均容积率、物业在区域内分布特征。

开发阶段: 　　　　　　　　　　　　　　　年　月　日——　年　月　日

总结与提升:

- 区域内表现最好个案状况。
- 未来3年区域内可供应土地状况、产品供应量和产品类型。
- 分析本案的机会点。
- 结论：
    - ★ 区域市场的地位及发展态势　　★ 价位区域及产品形式
    - ★ 市场潜力　　　　　　　　　　★ 营销焦点

17　区域市场目标客群
- 各档次产品目标客层特征及辐射商圈范围。
- 结论：
    ★ 区域来源　★ 行业特点　★ 产品偏好　★ 购买方式和关注点　★ 诉求点

18　目标市场定位及产品定位
- 市场定位、产品建议。

19　规划设计分析
- 设计概念：产品体现的主题思想，设计风格、特点。
- 产品类型：各种不同类型产品的组合比例。
- 节能和环保型建筑材料选用的考虑。

20　规划设计的可行性分析
- 在既定容积率、净用地面积、住宅面积、配套公建面积、控高、建筑密度条件下，制造出的产品是什么类型、具有什么特性，是否符合前面提及的规划设计概念和所追求的各种档次高品质住宅的要求。主要从规划设计角度判断将上述硬指标转化成现实产品的可能性。
- 容积率变化对产品设计概念、产品类型和特征的影响。
- 土地本身特征对产品设计的影响。如：地势高低、地形起伏、地块的完整性、地质状况、较深的沟壑（小峡谷）、河流、水塘、地上附着物、地下管线暗渠等对产品设计和环境保护的影响及相应的解决方法。
- 周边自然环境和人文环境对产品设计的影响。如：治安环境、噪声环境、污染环境、空气情况、危险源、"风水"因素等对产品规划设计和环境保护的影响及相应的解决方法。
- 周边市政工程配套设施对产品设计的影响。如：道路状况（可能与小区主要出入口有关）、供水、排水、通信（有线电视、电话、网络）、永久性用电和临时施工用电、燃气、供热及生活热水等对产品规划设计的影响及解决方法。
- 周边生活配套设施对产品设计的影响。如：交通状况（与是否开通业主班车有关）、商业设施（大型购物中心）、教育现状、体育娱乐公园等休闲场所、银行医院等设施，进而对自身配套建设规模和面积作判断。
- 市场分析结果对产品设计的影响和考虑。如：市场价格限制、总价控制原则与前面产品类型和产品特性设计是否存在矛盾，对产品品质的影响，及如何解决。

开发阶段：　　　　　　　　　　　　　年　月　日——　　年　月　日

总结与提升：

21 项目开发

- 土地升值潜力初步评估。
- 立即开发或作为土地储备。
- 工程计划:各期开工面积、竣工计划、开竣工时项目的市场占有率。
- 销售计划:各期销售时间、价格、面积、市场占有率、实现的可行性。

22 投资收益分析

- 成本预测:
  - ★ 投资总额(万元) ★ 单位成本(元/m²) ★ 土地成本 ★ 前期工程费
  - ★ 基础设施费 ★ 建安工程费 ★ 配套费用 ★ 开发间接费
  - ★ 直接建筑成本小计 ★ 营销费用 ★ 管理费用 ★ 总计
- 税务分析:
  - ★ 营业税及附加 ★ 所得税 ★ 土地增值税
- 经济效益分析:
  - ★ 减免等优惠条件 ★ 经济指标单位数值(元/m²) ★ 项目总金额(万元)
  - ★ 销售收入 ★ 直接成本 ★ 总投资 ★ 毛利率 ★ 税前利润
  - ★ 税后利润 ★ 销售净利率 ★ 投资回报率
  - ★ 项目开发各期的利润体现 ★ 敏感性分析:成本变动、售价变动、容积率变动
- 项目资金预测:
  - ★ 资金投入计划 ★ 资金回款计划 ★ 资金需求计划 ★ 启动资金

23 管理资源配置

- 机构设置、人力资源需求、人力资源缺口及解决。

24 综合分析与建议

- SWOT分析:优势、劣势、机会、风险。

25 取得土地需要注意的问题

- 主要指标测算:
  - ★ 楼面地价 ★ 完全成本 ★ 总投资 ★ 毛利率
  - ★ 税前利润 ★ 税后净利 ★ 销售净利率 ★ 总投资回报率
- 竞争对手分析:
  - ★ 主要背景、控股股东情况 ★ 总资产、净资产、净利润(每股利润)
  - ★ 资金状况,可能资金来源、融资能力、资金成本
  - ★ 操作水平、主要开发的项目
  - ★ 参与竞争的主要目的,进而分析对手拿地的气势,是否志在必得。
- 制定策略:
  - ★ 分析盈亏平衡点
  - ★ 销售净利率与地价相关测算
- 资金筹措。

开发阶段: 　　　　　　　　　　　　　　　　年　月　日——　　年　月　日

总结与提升:

3.5 征地决策表

征地可行性论证作为决策依据,评估资金实力、技术实力、经营管理能力、资源整合能力等;合作项目还需要考察合作方的合作诚意、现状、土地信息、合作意向书和合作协议的相关内容。综合评定后进行最终的征地决策。

参考示例《土地立项/决策会议表》

项目概况							
土地权属及获取方式							
① 土地使用权人							
② 土地他项权利							
③ 土地手续状况							
④ 信息获取日							
⑤ 信息获取方							
⑥ 信息获取途径							
⑦ 项目风险及防范	土地获取风险:			合作风险:			
	付款风险:			拆迁交地风险:			
	税务风险:			其他:			
⑧ 内部决策流程	立项会日期:			决策会日期:			
⑨ 公司规划	三年规划主流客户:			本项目是否定位主流客户: 说明( )			□否 □是
	三年规划主流品类:			本项目是否属于主流品类: 说明( )			□否 □是
	本季度规划获取土地块数及建筑面积:			本项目获取后能否完成目标: 说明( )			□否 □是
	本年度城市群发展目标:			本项目是否城市群发展目标: 说明( )			□否 □是
	本年度规划重点投资片区:			本项目是否位于重点投资片区: 说明( )			□否 □是
⑩ 可比地价	名称	距离	性质	容积率	成交时间	成交总价	楼面地价	受让人
1								
2								
3								
近期城市地价变化:								

开发阶段: 　　　　　　　　　　　　　年　月　日——　　年　月　日

总结与提升:

市场分析

	①周边竞品 （在售/已售）	开发商	距离	开盘日期	总户数	销售单价	楼盘地价	90/70	房型配比	总去化率/开盘当日去化率
1										
2										
3										

②客户构成评述	
③客户来源评述	
④面积/总价格	
⑤装修标准	
⑥产品竞争力评述	

⑦即将上市项目 （包括地块）	名称	开发商	预计单价	规模（年/面积）	预计上市时间

小结：

产品方案

①产品类型及配比	多层：□无□有	总面积 总户数	m² 户	栋数 地上　层	 地下　层	工期	结构封顶 装　修	月 月
	高层：□无□有	总面积 总户数	m² 户	栋数 地上　层	 地下　层	工期	结构封顶 装　修	月 月
	别墅：□无□有	总面积 总户数	m² 户	栋数 地上　层	 地下　层	工期	结构封顶 装　修	月 月
②产品选择	目标销售对象（年龄/收入/购房动机/职业/户型要求等）					产品解决方案（标准户型代码/其他请说明）		比例

开发阶段: 　　　　　　　　　　　　年　月　日——　年　月　日

总结与提升:

项目定位	刚需	单身					
		婚房					
	首改	两口之家					
		三口之家					
		三代居					
	改善居住						
	奢华高端						
	健康养老						
	旅游度假						

③ 产品配比及价格	户型	面积	套数	套数比	该类户型总面积	面积比	均价	户总价
	开盘均价： 元/m²				整盘均价： 元/m²			

④ 装修规格水平	周边竞品	
	本项目	
	优势	劣势

⑤ 车位	车位数量： 地上： 个 / 地下： 个 可售比例： 车位开盘时间：
	车位装修及配置：
	车位成本： 元/m² 车位均价： 元/个 车位最高价： 元/个

⑥ 商业	商业去化方案：
	商业开盘时间：

⑦ 成本预计	建安成本： 元/m² 装修成本： 元/m² 绿化成本： 元/m²

⑧ 公共设施	会所	户均面积： m²
	主要服务内容：	经营合作伙伴：
	绿化	户均绿化面积： m²

⑨ 合作资源	设计预计单位 / 要求： 战略合作伙伴：□否 □是
	营销预计单位 / 要求： 战略合作伙伴：□否 □是
	工程预计单位 / 要求： 战略合作伙伴：□否 □是

开发计划（重大节点）

① 开发相关	规划设计完成	规划用地使用许可证	实施方案	建设工程规划许可证	施工许可证	基础施工	竣工备案时间

② 销售相关	展示区开放时间	开盘时间

③ 加速	□否 □是

开发阶段: 　　　　　　　　　　　　　　　　年　月　日——　年　月　日

总结与提升:

资金解决方案

① 地块底价	总价： 万元；单价： 万元/亩； 楼面地价： 元/m²					
② 地块测算价格	总价： 万元；单价： 万元/亩； 楼面地价： 元/m²					
③ 付款条件和比例	保证金	第一笔	第二笔	第三笔	第四笔	第五笔
比例／金额						
条件						
④ 资金解决方案	资金合作方：					
自行选择资金合作方：□否 □是	○ 社会信誉良好，无不良贷款记录 ○ 未出现过可能影响公司声誉及未来项目合作的诉讼及新闻报道等 ○ 不是境内银行、外资、信托					
	主营业务：			股东背景：		
	资产规模：			负债情况：		
	银行资信：			资金优势：		
合作方式	合作各方：					
	注册资金及合作各方认缴的股份：					
	资金的投入原则：					
	股东借款计息原则：					
	合资公司资金管理原则：					
	董事会的设置：					
	董事会表决机制：					
	合资公司经营管理：					
	项目管理人成本及日常经营管理费用比例：					
	利润分配方式（含超额业绩奖励）：					
	外资：□无 □有		当地外资政策和执行情况：			
	保证金垫付：□无 □有		垫付金额：		预计到位日期：	
	垫资：□无 □有		垫资金额：		预计到位日期：	

经济指标要点

项目内部收益率： 企业内部收益率：	○主流项目 IRR ≥ 18% ○高端项目 IRR ≥ 20%	项目销售净利率：	○主流项目 ≥ 9% ○高端项目 ≥ 20%
累计现金流回正时间：	○累计现金流回正时间不超过2.5年	三年内结算利润比	○三年内结算利润比不得少于80%
管理费用比例：	○管理费用不少于2%	营销费用比例：	○营销费用不多于2.5%
资金成本利率：	○资金成本利率不少于同期基准利率1.5倍		
首期均价： 元/m²	○首期均价超过周边均价20%	满足基本收益要求的平均售价：	元/m²

项目 SWOT 分析	S：	W：
	O：	T：
综合评价：		

开发阶段: 　　　　　　　　　　　　　　　年　月　日——　年　月　日

总结与提升:

3.6 《合作项目决策依据表》

类别	具体内容					
标的公司现状	中介机构：□无 □有（名称： ）					
	中间费用/标准：					
	曾为公司服务：□无 □有（内容： ）					
	合作方：			标的公司名称：		
	合作方背景：					
	项目转让目的：					
	项目公司股权结构	（股东名称）				
		（比例）				
	合作方在公开市场获取：□否 □是	获取日期	起拍总价	起拍单价	获取总价	获取楼面单价
	合作方在二手市场获取：□否 □是	获取日期	合作价款（股权收购款+股权溢价）			
	合作方支付完全部地价：□否 □是	地价总额	已支付金额	未支付金额	未支付原因	
	土地证办理完毕：□否 □是	办理日期		土地证上项目公司名称		
	土地存在闲置风险：□否 □是	土地出让合同约定开发进度		实际开发进度	闲置原因	
	项目已开工：□无 □有	已开工建筑面积：		m²		
	项目已销售：□无 □有	已销售面积	销售均价	未售在建面积	未开发土地面积	
	项目存在法律纠纷：□无 □有 (内容：)					
信息获取阶段商务条款	合作方初步报价：					
	合作方初步合作方案：					
	评估地价总价： 万元；评估地价亩单价： 万元/亩；评估地价楼面单价： 元/m²					
	付款条件及比例：					
	上年度该城市总价地王	名称	总建面	总地价	楼面单价	竞得人	竞得日期
			万m²	亿元	元/m²		
	上年度该城市楼面单价地王	名称	总建面	总地价	楼面单价	竞得人	竞得日期
			万m²	亿元	元/m²		
与相关政府部门核实项目信息	土地交易中心：□无 □有 (内容：)					
	国土资源局：□无 □有 (内容：)					

开发阶段：　　　　　　　　　　　年　月　日——　年　月　日

总结与提升：

与相关政府部门核实项目信息	规划：□无 □有			
	(内容：)			
	其他机构：□无 □有			
	(内容：)			
文件要求	○公司营业执照	○资质证书	○最近一期的财务资料	○税务登记证
	○项目的情况说明书	○项目立项批复、环保批复	○土地出让合同	○土地所有权证
	○规划用地使用许可证	○建设工程规划许可证	○施工许可证	○预售许可证
	○交付使用许可证	○房地产权证		
立项阶段商务条款	合作价款：(股权收购款 + 股权溢价 + 利润分配)			
	合作方案：			
	评估地价总价： 万元；评估地价亩单价： 万元/亩；评估地价楼面单价： 元/m²			
	付款条件及比例：			
合作意向书	合作款项：		约定原因：	
	付款节奏：		约定原因：	
	定金：		共管定金：无 有（金额： 万元）	
	标的条款：□无 □有			
	(概要：)			
	保密条款：□无 □有			
	(概要：)			
	尽职调查工作条款：□无 □有			
	(概要：)			
	费用分摊条款：□无 □有			
	(概要：)			
	进度安排条款：□无 □有			
	(概要：)			
	排他协商条款：□无 □有			
	(概要：)			
	终止条款：□无 □有			
	(概要：)			
文件要求	○律师尽职调查报告	○会计师尽职调查报告	○资产评估师尽职调查报告	○项目发展部调查报告
	○财务部调查报告	○成本人员调查报告	○人力资源部调查报告	○客户关系调查报告
决策阶段商务条款	合作价款：(股权收购款 + 股权溢价 + 利润分配)			
	合作方案：			
	评估地价总价： 万元；评估地价亩单价： 万元/亩；评估地价楼面单价： 元/m²			
	付款条件及比例	第一笔	第二笔	第三笔	第四笔	第五笔
合作协议签署前提	尽职调查中发现重大风险：□无 □有			
	(概要：)			
	尽职调查中合作方的履约能力：□无 □有			
	(概要：)			

开发阶段： 年 月 日—— 年 月 日

总结与提升：

合作协议签署前提	尽职调查中存在限制转让：□无 □有 （概要： ）	
	具有优先购买权的股东同意本次转让：□无 □有	
	优先股股东同意转让的正式函：□无 □有	
	合作方转让股权违反其对外签署的合同或协议：□无 □有	
合作协议基本条款	标的股权：	
	交易价款的构成：	支付方式：
	股权过户：	管理权移交：
	合作双方的权利和义务：	
	合作方的承诺和保证：	
	相关期间的安排（指协议签署日至股权转让完成日）：	
	后续合作约定（适用于合作方仍保留一定比例股权的）：	
	违约责任、适用法律及争议解决：	
	协议生效、变更及解除：	
协议的可操作性	涉及国有股权转让：□无 □有 （简要说明： ）	
	合作方以土地使用权入股项目公司，之后公司受让项目公司股权：□无 □有 （简要说明： ）	
	合作方先将项目公司分立、之后公司受让分立后公司股权：□无 □有 （简要说明： ）	
合作方的承诺	合作方要对标的公司、标的股权及房地项目合法、合规性做出保证：□无 □有	
	合作方关于项目规划要点的承诺：□无 □有	
	关于土地闲置及土地收回的承诺事项：□无 □有	
	拆迁交地的承诺：□无 □有	
	协议明确表明标的公司在公司移交日之前产生的、未列示与审计报告及财务报表的负债及或有负债（包括诉讼、仲裁、行政处罚及对外承诺等）均由合作方承担并向标的公司全额赔偿：□无 □有	
	明确提供税务发票为合作方的责任，并与付款挂钩：□无 □有 （发票类型： ）	
	合作协议中约定转让前的义务、责任、风险由转让方承担：□无 □有 （内容： ）	
	合作方对于承诺项出具担保，以上级管理单位担保或留一笔款额做承诺保证金：□无 □有 （内容： ）	
合作价款	受让标的公司股权，公司直接付款义务主体支付的是股权转让款：□无 □有	
	溢价款项（地价、拆迁款、补偿款等）应由项目公司支付：□无 □有	
	取得相应权益，支付相应款项；并与合作方的承诺、保证事项挂钩：□无 □有	
	账户共管：□无 □有	
	限定付款前提：□无 □有	
	从利润分配中体现：□无 □有	
公司移交及后续经营管理	协议签署后，公司移交宜尽快进行，以便有效降低风险：□无 □有	
	如合作方仍保留部分股权，应明确项目公司的后续合作方式：□无 □有 （简要说明： ）	
	分次股权过户的，最终取得100%权益的情况下，约定股权过户完成期间，转让方不享有分红权： □无 □有	
其他		

开发阶段：　　　　　　　　　　　　年　月　日——　　年　月　日

总结与提升：

第四部分　财务管理标准化

财务管理是企业管理的核心,特别是对于资金密集型的房地产企业来说,尤其如此。致力于成为优秀的房地产企业,必须持续加强财务管理。越是在房地产宏观调控的市场环境下,越不能放松。通过不断创新的运营思路,持续为公司创造价值。

4.1　财务管理要点提示

01　征地
- 正确核算征用土地新发生的各项费用,包括土地征地费、耕地占用税、劳动力安置费以及原有建筑物的拆迁补偿费等多项支出。

02　项目前期
- 根据项目初步可行性研究报告及项目初步规划,开展经济效益分析与预测,确定投资报酬率及目标利润率。

03　规划管理
- 在开发项目的规划设计阶段,应当编制和审核设计概算和施工图预算,以便控制开发建设的总投资。

04　报建管理
- 对项目报建审批新发生的税金与费用应分项设账,按建设项目的受益对象正确分摊。

05　预售及申报房贷

06　施工管理
- 根据设计概算和施工图预算,编制各项费用支出计划或预算,以便控制各项成本费用,在开发项目建设过程中,对于发生的各项费用支出,应以概算、预算和计划为依据,进行严格的审核;根据审核后的支出凭证,按照规定的程序和方法进行归集和分配。

07　竣工验收管理
- 项目竣工验收后,财务部应会同工程部对施工单位的决算报告进行审核,根据三方认可的决算数据确定工程建设总支出,与已付工程款、代付材料款的差额列入"应付账款×××施工单位"进行债务核算。

08　筹资管理
- 根据公司的投资要求,在充分挖掘公司内部资金潜力的基础上,做好资金需求量的预测,适度筹集资金,在筹资过程中应合理选择资金来源,对比各筹资方式的资金成本,力求使公司总的资金成本达到最低,适度举债,合理确立自有资金和借入资金的比例,降低财务风险。

开发阶段:　　　　　　　　　　　　　　　　年　月　日——　　年　月　日

总结与提升：

09 成本与费用管理
- 成本费用的核算包括费用开支的核算与开发产品成本形成的核算两部分内容。
- 费用开支的核算是对发生的各种费用进行审核和控制，并按其经济用途加以归集和分配；而开发产品成本形成的核算就是计算各开发产品的实际成本。
- 根据成本费用的性质可分为直接费、间接费和期间费三部分。

10 销售收入管理

11 分配管理

4.2 成本测算示例表

开发成本

建筑面积：　　　　　　　　　　　　单位造价：
建安成本：　　　　　　　　　　　　开发成本：

序号	项目内容	楼面单价（元/m²）	总款（万元）	备注
一	土地费用			
1	土地出让金			按实际支出计算
2	财务成本			按实际支出计算
3	契税			土地出让金 × 契税比率
4	印花税			土地出让金 × 印花税率
5	领证费用			按政府收费标准计算
6	服务费			按政府收费标准计算
	小计			
二	前期费用			
1	政府相关费用			
(1)	基础设施费			按收费标准计算
(2)	新型墙体专项基金			总建筑面积 × 计费单价
(3)	散装水泥			总建筑面积 × 计费单价
(4)	城建档案费			一万元以下忽略不计
(5)	人防异地建设费			根据人防建设情况确定
(6)	图审费			建安成本 × 收费比例
(7)	环评费			按环保局收费标准计算
(8)	节能评估费			
(9)	规划验放线费			验放线点 × 点收费标准

开发阶段: 　　　　　　　　　　　　年　月　日——　　年　月　日

总结与提升:

(10)	规划咨询费			根据实际情况计算
(11)	规划报审服务费			根据实际情况计算
(12)	质监费			建安成本 × 收费比例
(13)	抗震评估费			需做地震安全评价工作报告
(14)	城建配套费			按收费标准计算
(15)	防雷设计审核费			总建筑面积 × 计费单价
(16)	排污费			总建筑面积 × 计费单价
(17)	招投标代理费			建安成本 × 收费比率
(18)	消防设施费			设施安装费用
(19)	消防方案报审			根据实际情况计算
(20)	招标交易费			建安成本 × 收费比率
(21)	日照分析			地上建筑面积 × 计费单价
(22)	地形图（1∶500）			地形图绘制费用
(23)	灯光夜景效果图			效果图制作费用
(24)	两金			建安成本 × 收费比例
(25)	文物勘探			占地面积 × 计费单价
(26)	考古费			有文物时进行
(27)	农民工资保证金			建安成本 ×2%，可退部分
(28)	可行性研究报告			根据实际情况计算
(29)	水、电管网设计			根据设计院收费标准计算
(30)	渣土费			占地面积 × 计费单价
(31)	测绘费			总建筑面积 × 计费单价
(32)	房产初始登记费			含公告费
(33)	房产交易服务费			建安成本 × 收费比例
(34)	房价审核费			总建筑面积 × 计费单价
(35)	地名设置费			根据实际情况计算
(36)	土地分宗费用			根据实际情况计算
	小计			
2	设计费用			
(1)	规划及方案设计费			总建筑面积 × 计费单价
(2)	扩初设计费			总建筑面积 × 计费单价
(3)	施工图设计费			总建筑面积 × 计费单价
(4)	园林景观设计费			景观面积 × 计费单价
(5)	其他设计费用			控规图
	小计			

开发阶段：　　　　　　　　　　　　年　月　日——　年　月　日

总结与提升：

3	检测费				
(1)	地基氡浓度检测				根据实际情况计算
(2)	地勘费				占地面积 × 计费单价
(3)	沉降观测				根据实际情况计算
(4)	空气检测				根据实际情况计算
(5)	电气检测				含电阻检测
(6)	消防检测				根据实际情况计算
	小计				
4	三通一平				
(1)	临时道路				根据实际情况计算
(2)	临时用水				根据实际情况计算
(3)	临时用电				根据实际情况计算
(4)	场地平整				根据实际情况计算
	小计				
5	临时设施				
(1)	围墙				临时围墙长度 × 计费单价
(2)	临时办公室				根据实际情况计算
	小计				
三	建安工程				
1	基础工程				
(1)	桩基工程				地下建筑面积 × 计费单价
(2)	桩基检测				根据实际情况计算
(3)	土石方工程				地下建筑面积 × 计费单价
(4)	护壁				地下建筑面积 × 计费单价 浆、网、锚固、导管
(5)	地下室				地下室面积 × 成本单价
(6)	地下车库				地下车库面积 × 成本单价
(7)	降水				根据实际情况计算
	小计				
2	结构及初装工程				
(1)	砌体工程				砌体面积 × 成本单价
(2)	土建工程				地上建筑面积 × 成本单价
(3)	防水工程				防水面积 × 成本单价
(4)	其他				
	小计				
3	门窗工程				

开发阶段: 　　　　　　　　　　　　　年　月　日—— 　年　月　日

总结与提升:

(1)	铝合金门窗工程			门窗面积 × 成本单价	
(2)	铝合金隔栅				
(3)	分户门及安装			分户门数量 × 计费单价	
(4)	防火门及安装			防火门数量 × 计费单价	
(5)	人防门及安装			人防门数量 × 计费单价	
(6)	车库自动门及安装			车库门数量 × 计费单价	
(7)	其他				
	小计				
4	外墙工程				
(1)	外墙涂料及施工			外墙涂料面积 × 成本单价	
(2)	外墙面砖及施工			外墙面砖面积 × 成本单价	
(3)	外墙石材工程			外墙石材面积 × 成本单价	
(4)	装饰构件工程			重沿、柱头、斗拱成本总价	
(5)	玻璃幕墙			玻璃幕墙面积 × 成本单价	
(6)	其他				
	小计				
5	保温工程				
(1)	外墙保温			外墙保温面积 × 成本单价	
(2)	屋面保温			屋面保温面积 × 成本单价	
(3)	其他				
	小计				
6	公共部位普通装修				
(1)	室外门厅部位			室外门厅面积 × 成本单价	
(2)	室内大堂部位			室内大堂面积 × 成本单价	
(3)	公共楼梯间			公共楼梯间面积 × 成本单价	
(4)	其他				
	小计				
7	其他建筑分包工程				
(1)	栏杆、空调围栏			空调数量 × 成本单价	
(2)	屋面瓦工程			屋面面积 × 成本单价	
(3)	钢结构工程				
(4)	指示牌及安装			指标牌数量 × 成本单价 含垃圾分类设施摊入总面积	
(5)	信报箱工程			信报箱数量 × 成本单价	
(6)	其他				
	小计				

开发阶段：　　　　　　　　　　　年　月　日——　　年　月　日

总结与提升：

8	主体安装工程			
(1)	室内水电			水电面积 × 成本单价
(2)	电梯及安装			电梯数量 × 成本单价
(3)	室内消防、通风			喷淋数量 × 成本单价
(4)	空调系统			空调线路 × 成本单价
(5)	地暖系统			地暖面积 × 成本单价
(6)	新风系统			新风线路 × 成本单价
(7)	监控系统			户数 × 成本单价
(8)	智能化系统			户数 × 成本单价
(9)	其他			
	小计			
9	住宅精装修工程			
(1)	精装修设备材料			根据实际情况计算
(2)	精装修工程施工			根据实际情况计算
四	室外总平			
1	红线内市政工程			
(1)	供电系统			供电系统 × 成本单价
(2)	给水系统			给水系统 × 成本单价 含加压泵站
(3)	排水系统			排水系统 × 成本单价
(4)	化粪池			化粪池数量 × 成本单价
(5)	燃气系统			户数 × 燃气配套费
(6)	消防系统			消防系统 × 成本单价
(7)	人防系统			
(8)	有线电视系统			户数 × 有线电视配套费
(9)	电话系统			户数 × 电话系统
(10)	交通标识施工			交通导示数量 × 成本单价
(11)	红线内道路			道路 × 成本单价
(12)	围墙			围墙 × 成本单价
(13)	市政土建工程			停车台 2000 元/个 × 100 个
(14)	煤气调压站、水泵房			数量 × 成本单价
	小计			
2	智能化系统工程			
(1)	对讲系统			对讲系统 × 成本单价
(2)	周界			周界系统 × 成本单价
(3)	监控			监控系统 × 成本单价

开发阶段: 　　　　　　　　　　　　　　　年　月　日——　　年　月　日

总结与提升:

	(4)	电子巡更			电子巡更 × 成本单价
	(5)	停车管理			根据是否设置立体停车计算
	(6)	背景音乐			背景音乐 × 成本单价
	(7)	其他			
		小计			
3		室外景观工程			
	(1)	绿化工程			绿化面积 × 成本单价
	(2)	硬质景观工程			硬质面积 × 成本单价
	(3)	建筑小品			成本总价
	(4)	健身器材及安装			最多 5 元 /m^2 康体设施
	(5)	水景设备及安装			根据实际情况计算
	(6)	室外照明系统			含智能调光系统普通,泛光照明
	(7)	游泳池设备			
		小计			
五		公共设施配套工程			
	(1)	会所			
	(2)	幼儿园			
	(3)	物业用房			物业用房面积 × 建安成本
	(4)	公厕			
	(5)	垃圾筒			垃圾筒数量 × 成本单价
	(6)	其他(廉租房)			
		小计			
六		售楼处、样板房			
	(1)	售楼处工程			售楼处面积 × 成本单价
	(2)	售楼处装修工程			外装修 + 内装修
	(3)	售楼处空调系统			
	(4)	样板房工程			
	(5)	样板房装修工程			样板房面积 × 软硬装成本
	(6)	样板房空调系统			
	(7)	其他			
		小计			
七		开发间接费用			
	(1)	施工监理费			总建筑面积 × 计费单价
	(2)	工程造价咨询费			建安成本 × 收费比例
	(3)	工程类人工办公费			

升发阶段：　　　　　　　　　年　月　日——　年　月　日

总结与提升：

		小计		
八		工程不可预见费		
	(1)	工程不可预见费		总造价的3%
	(2)	灾害调整设计方案		
	(3)	灾害造成工程损失		
		小计		
九		销售费用		
	(1)	营销代理费用		总销售金额×佣金比例
	(2)	广告、宣传费用		总销售金额×广告费比例
	(3)	沙盘、样本等		根据实际情况计算
	(4)	本公司人员		公司管理人员销售奖励
		小计		
十		管理费用		
	(1)	开发管理费用		总销售金额×计费比例
	(2)	期间管理费用		
	(3)	管理类税金		
	(4)	其他		
		小计		
十一		财务费用		
	(1)	成本利息		
	(2)	融资费用		
	(3)	合同公证费		
	(4)	保险费		
		小计		
十二		税费		
	(1)	土地增值税		销售收入计费比例
	(2)	营业税		销售收入×5%
	(3)	城市维护建设税		营业税×7%
	(4)	教育附加税		营业税×3%
	(5)	城建税		营业税×2%
	(6)	企业所得税		根据利润额确定
	(7)	房屋维修基金		根据户型面积、政府收费标准计算
	(8)	交易印花税		销售收入×0.5‰
	(9)	其他		
		小计		
		总计		

总结与提升：

4.3 房地产开发全过程成本控制要点

开发环节		控制要点	控制方法	备注
征地	1	征地费用	尽量争取对自己有利的付款条件及付款时机,优惠金额或延迟日期	
	2	规划条件	满足利益最大化,合理提高容积率,降低土地成本	
规划方案	3	可行性规划设计	①市场信息搜集和分析 ②市政状况信息分析 ③规划要点确立 ④可行性研究设计任务书 ⑤可行性设计变更	规划环节的成本控制所占权重最大,具有"一锤定音"的地位和作用;在规划环节进行成本控制是实现事前控制的关键,可以最大限度地减少事后变动带来的成本
	4	方案评审	组成可行性规划评审委员会,对方案进行评审、确定	
	5	设计成果	①对可行性规划设计根据实际情况进行细节调整 ②设备选型方案提前确定 ③根据提交的设计成果进行投资估算	
报批设计	6	设计方案	①根据项目前运营的情况和市场分析制订设计任务书 ②方案设计招投标 ③方案设计评审	
	7	报批	①注意市政设计 ②注意相关法规,完善自身报批规范性,材料完整	
扩初设计	8	扩初设计要求	①对报批设计进一步调整 ②设计要求 ③内部审核	
	9	成本概算	①根据扩初设计招投标方案和设备选型、实体研究、环境方案等因素对总成本作出概算 ②制订经营指导书	
	10	扩初设计图	①根据扩初设计要求招标 ②专家评审 ③内部评审 ④设计调整	
桩基设计	11	地质勘察	①搜集权威地质资料 ②自己专业人员勘察	
	12	设计方案评审	①桩基设计2种以上形式 ②由专家进行桩基形式和桩基结构评审	
	13	桩基施工图	设计调整	
施工图设计	14	施工图设计要求	①根据销售包装设计、桩基设计、功能设计及配套设施等因素,在扩初图基础上确立施工图设计要求 ②建安施工图中结构造价、建筑造价和环境设施费等约占总造价70%的部分属于设计方可控部分,应严格审核	
	15	审图	互审互签,明确修改意见	
	16	面积测算	设计图纸测算与实际施工时检验相结合	

总结与提升：

销售包装设计	17		①营销费用控制 ②施工招投标	
装修方案设计	18	方案设计要求	根据扩初设计图、经营指导书和实体研究的结果确定方案设计要求	
	19	材料设备选型成本方案	①市场信息调研 ②根据设计要求确定装修材料和设备 ③制订装修设计目标成本计划明细表 ④装饰综合价格拆分分析	
	20	招投标	①制订设计任务书 ②评审	
功能设计	21	小区建筑物功能的经济评估	①市场调研 ②有针对性扩充建筑物功能	
	22	市场配套方案	①市政状况调研 ②争取政府有利条件	
	23	环境方案设计	①根据投资估算和报批标准确立环境设计方案目标成本总额 ②招投标	
	24	智能化设计	①市场现状分析，智能化必要性分析 智能化内容控制 ②招投标寻找外部合作，争取双赢	
	25	销售承诺	保持各部门与销售部的信息畅通，保障销售承诺与实际功能的一致性	
设计变更	26	设计变更洽商	严格按照设计变更洽商流程进行	
材料设备	27	选型方案确定时间	在扩初图确定前确定材料设备，使设计在图纸阶段就考虑了材料设备的安装	
	28	采购	招投标	
投标单位的选择	29	★资质 ★管理水平 ★技术力量 ★历史记录 ★资金实力 ★合作经历	①建立承建商、工程监理、材料及设备供货商名册及资料库 ②选择投标单位 ③推荐五家投标单位报招投标工作组 ④招投标工作小组审核、考察、评估、筛选三家以上投标单位报招投标评审委员会及主管领导	
招投标文件	30	各类合同的招投标书内容应包括： ★工期 ★工程造价或取费标准 ★质量要求 ★付款方式 ★招标范围 ★结算方式 ★验收标准 ★投标注意事项 ★废标条件 ★接标时间 ★开标时间 ★定标方法 ★投标单位补充意见 ★标准合同条文 ★图纸、其他要求等	招标工作组审核	

开发阶段: 　　　　　　　　　　　　　　年　月　日——　年　月　日

总结与提升:

	序号	项目	内容	备注
评标和定标	31	技术性评标和定标	①优先顺序 ②技术评标	
	32	经济性评标定标	①经济评标 ②合作经历 ③综合审核投标单位，评定中标单位	
设计变更环节	33	变更评估	①项目前期规划定位要全面、准确，尽量避免在施工中的重大设计调整 ②加强施工前的审核工作。全面考虑工程造价，对可能发生变更的地方有预见性，并予以事先约定 ③各部门全面评估变更带来的各种变化，为审批提供参考依据	施工环节的成本控制主要应注意两大方面，一个是因各种变更带来的费用，另一个是材料、工程款的支付。由于市场变化与市场把握的原因，施工阶段不可避免地由于各种情况而要对施工计划和内容进行改动，变更明确目的和遵循程序是必须的。这一阶段进行成本控制时要注意各部的及时沟通和良好合作
	34	变更的审核签认	①设计变更通知单 ②变更必须有设计单位、设计部、工程部、监理单位和施工单位共同签字后，才能有效	
	35	变更的审批	主管总经理审批后方可进行变更	
施工现场签证	36	签证的必要性	现场签证的确认应严格按照合同中所约定的条款执行	
	37	签证的时限	现场签证确需发生，应坚持当时发生当时签证的原则	
	38	签证的工程量	①认真核对签证的工程量准确 ②签证的内容、原因、工程量应清楚准确，无涂改，编号准、全，并有监理工程师的签字确认	
	39	签证的审批	①施工洽商通知单 ②必须遵循"先洽后干"的原则，在确认签证前，应按相应审批程序报审，通过后方可正式签证	
	40	签证的反馈	对工程变更应定期进行分类汇总统计分析，并根据统计资料对控制工程变更提出改进意见	
审图	41	★扩初图会审 ★施工图会审 ★分项、分部图会审 ★各专业技术图纸会审	①图纸多层次会审会签及审批制度 ②各专业互审互签制度 ③力争在开工前把图纸中的问题修改完	
总分包配合费	42	★分包方式 ★分包内容 ★分包的责任界定	①通过投标确定配合费 ②应避免在施工过程中修改分包方式、内容、范围而增加工程成本	
材料供应	43	★选型 ★材料供应方式 ★材料计划 ★预留时间	①施工所用的各项材料的选型应在材料招标前确定 ②先确定材料供应方式，通过招标确定相关费用。限时编制材料计划 ③材料计划签认 ④要考虑可能出现的问题，留出相应的时间	
工程款的支付	44	★付款进度 ★工程进度 ★付款的审批	①按合同约定执行付款 ②按进度付款 ③多层次多角度审核工程进度 ④根据情况由不同级别人员最终审批	
材料进场计划	45	采购招投标及订立合同时间		材料及设备采购环节成本控制的核心要素是计划和信息，通过明确而科学的流程，就可以最大限度地减少在该环节出现损失的概率，达到成本控制的目的

开发阶段：　　　　　　　　　　　　　　年　月　日——　　年　月　日

总结与提升：

	46	生产周期	与工程进度相配合	
材料进场计划	47	运输周期	具体与采购点远近相对应	
	48	安装、验收周期	与工程进度相配合	
	49	交叉作业时间	与工序安排相联系	
材料的性能价格比	50	市场信息	日常搜集市场信息,建立材料市场信息库	材料及设备采购环节成本控制的核心要素是计划和信息,通过明确而科学的流程,就可以最大限度地减少在该环节出现损失的概率,达到成本控制的目的
	51	技术参数	材料设备的技术参数由设计部确定或封样	
	52	招投标	必须招投标的材料设备要制定招投标计划。不需招投标的材料设备,采用三家以上厂家报价选择。	
材料款支付	53	材料款支付方式 材料款支付进度	①预付款限额控制 ②首次验收后付款总额进度控制 ③保修款一般不低于合同总价的5% ④依据合同中约定的付款	
材料验收	54	数量验收	几方共同确定货到现场数量	
	55	质量验收	①外观质量的验收 ②安装后质量的验收 ③投入使用后的质量验收	
材料保管与保修	56	材料保管	在合同中明确货物的卸货和保管的责任承担者	
	57	材料保修	用合同的方式明确保修责任与保修期	
营销方案	58	费用总额	确定费用目标总额	
	59	市场信息收集 营销计划 营销预算	根据各种相关因素确定具体计划和费用	
	60	营销方案审批	征求各方面意见,按审批流程操作	
营销现场费用	61	现场销售人工费用	①销售人数控制 ②销售工作进度控制 ③奖励办法控制	销售环节的成本一般是按比例控制,但一旦制订了费用目标总额,具体的单项支出就必须严格控制。由于销售涉及的部门比较多,所以各部门乃至总经理都需要分工负责这部分的控制职能。此外,由于销售环节的一些操作会对入住和物业管理产生重要的影响,所以这个环节的成本控制也必须有长线考虑
	62	现场销售道具费 现场包装费 销售模型费用 宣传资料及礼品费 展销费		
	63	计划额度控制	额度内调剂和超额审批制度	
媒体选择	64	媒体及广告代理公司信息收集和分析	专人负责	
	65	招投标	①先评后选的原则 ②内部评审 ③招投标	
样板房装修	66	设计、装修	①市场信息收集 ②制定装修目标成本总额	

年　月　日—　年　月　日

总结与提升：

	67	材料采购	①信息搜集 ②材料、设备选型	
样板房装修	68	信息采集及招投标	招投标	销售环节的成本一般是按比例控制，但一旦制订了费用目标总额，具体的单项支出就必须严格控制。由于销售涉及的部门比较多，所以各部门乃至总经理都需要分工负责这部分的控制职能。此外，由于销售环节的一些操作会对入住和物业管理产生重要的影响，所以这个环节的成本控制也必须有长线考虑
	69	样板房维护	委托物业代管协议	
	70	材料回收、保管和再利用	①建立材料设备清单 ②使用登记 ③闲置品评估和处理	
销售回款	71	销售折扣点	按规定执行	
	72	回款周期	按规定执行	
销售补充条款及承诺	73	承诺的给出	①制作楼书 ②承诺分类	
	74	设计变更与承诺	①变更审批与知会制度 ②承诺变更	
客户交房	75	交房日期 保修期 质量补偿	①晚交房原因分类处理 ②与施工队洽商延长保修期 ③交房验收协议	
其他	76	中介费		
	77	与销售相关的其他费用（如因销售要求而发生的设计洽商变更费）	严格按相关流程进行	
乙方预算	78	乙方预算内容的审查	①先由造价比例大的项目看（地面、墙面、部分家具），缩小及调整面积 ②注意报价拆分、施工方法、报价及招标方法不同会影响成本的问题	工程预决算环节的成本控制难点在于有关监控信息的及时和准确性。这些信息可以来自合作方、第三方，和自己的调研，不论哪种方式都应该注意严格按程序走，防止出现不规范或不负责的实际操作
钢筋用量的核实	79	施工图中的钢筋用量 洽商、变更的钢筋用量	①选择并委托现场管理经验丰富、职业道德良好、工作认真负责工程造价咨询公司进行钢筋量计算工作 ②审算部专人负责抽查与核实工程造价咨询公司的钢筋量计算工作 ③工程造价咨询公司与审算部相关人员必须下现场了解乙方绑扎钢筋情况	
价差的调整	80	材料价差 人工价差 费用价差	①严格执行合同中价差调整办法，及时跟踪价格（材料、人工、费用）变化情况 ②当价格出现异常波动时，应立即与相关单位商量对策	
洽商及变更的费用控制	81	图纸审核 因市场因素甲方对图纸的修改 现场签证	①工程部项目部负责组织各专业共同审图，实行专业负责制 ②监理公司审图 ③施工单位审图 ④甲方对图纸做出重大修改之前，应进行方案经济比较 ⑤现场签证中，应明确发生费用的原因和责任	
违约与索赔	82	工期 质量	①甲方履行自己的合同义务 ②甲方督促乙方履行合同义务 ③工期与质量重视过程中控制	
	83	配合管理	工程部项目经理负责施工方的配合问题	
	84	停工、窝工	当造成重大停工、窝工时，工程部与审算部及时进行停、窝工费用计算	

总结与提升：

	85	公司开发速度、规模与贷款计划	①制定年度资金计划 ②资金占压费用估算与控制	
财务费用	86	地价款的支付	制定项目总体开发计划	期间费用主要有财务、人工、行政三块费用组成。由于地产业务的周期变化,期间费用的灵活性很高,更需要加强对期间费用的计划控制,财务部在这一环节除了承担主要的控制任务外,还有义务指导、监督其他部门的有关费用支出情况
	87	工程款的支付	制定项目年度付款计划	
	88	销售回款的管理	制定年度销售计划	
人工费用	89	薪金 岗位津贴 出差补助 加班补助及其他费用 奖金(含即时奖金)	①依据总部人事部有关规定确定公司工资总额 ②依据国家和公司有关规定确定加班补助、其他费用与出差补助 ③依据公司奖优自惩劣的政策确定资金额	
行政管理费用	90	通信费用	通信费用实行限额报销	
	91	交际费用	交际费用实行定额报销	
	92	车辆交通费	车辆交通费实行油料归口管理;过路费、过桥费、停车费、养路费实报实销管理;维修费、保养费事前审批;部门经理以上私家车限额报销	
	93	其他办公用品费		
委托物业管理	94	未销售的商品房 地产公司办公室 职工宿舍 样板间	①制定委托管理邀约并致物业公司 ②物业公司就邀约项目提交物业管理方案 ③经同公司客户服务中心达成一致意见后签订委托管理协议	房地产公司在物业管理方面支出的费用主要是委托管理、委托经营和亏损补贴三个方面。客户服务中心担负着这一环节的主要控制工作,控制原则是以明文的法律合同形式界定房地产与物业公司的权责关系,防止因权责不清带来的额外成本
资产委托经营	95	康乐中心 幼儿园 班车	①制定委托经营合同 ②物业公司就委托经营合同提交委托经营方案 ③经同公司客户服务中心达成一致意见后签订委托管理协议	
物业亏损或补贴	96	物业管理费亏损(含环境维护费) 取暖费亏损 水电费亏损(含差额部分)		

此部分改进与提高之处:

_____

_____

_____

_____

_____

开发阶段:　　　　　　　　　　　　年　月　日——　　年　月　日

总结与提升:

第五部分　营销策划标准化

5.1　项目定位流程标准化

5.1.1　项目定位流程标准化

项目定位乃"国之大事，死生之地，存亡之道，不可不察也"。

房地产正从红火冲动的卖方市场转入平静理性的买方市场，项目定位的重要性已日益凸现！面对即将来临的残酷、激烈的市场竞争，项目定位既是竞争之道、生存之道，更是盈利之道！

方向正确，努力的越多，离目标越近；而方向错误，努力的越多，离目标渐远。

① 土地取得以后，项目成功的80%取决于定位。
- ◆ 项目定位在开发系统中的重要性应排在首位。开发商往往重视规划设计，土地取得以后的第一时间，先选择规划建筑设计院，而忽视营销策划应在项目前期即参与项目定位研讨。

② 项目定位的通病，自己的孩子是资质最好的。
- ◆ 因项目定位问题而产生的滞销项目在房地产行业中比比皆是！开发商对城市市场状况、地段属性错误判断，就盲目设计大户型、豪宅，结果与客户需求不符、因此失败的案例数不胜数。

③ 在规划设计之前，没有回答清楚目标客户是谁。
- ◆ 项目未来的目标客户群特征：目标客户群规模、购房动机、需求面积、功能等、购房首付预算、总价款预算范围等。这些是规划设计之前要反复论证思考，找到明确答案的问题。避免出现只顾盖房子，事后再想如何卖房子的问题。

万科于2002年在集团推广"项目定位"流程工作。
- ◆ 万科集团早在2002年，开始强行要求所有项目均须在拿地后立即进行项目定位，集团成立了由集团副总、设计部总经理、工程部总经理、企划（营销）部、财务部、资金中心、法务总经理共同组成的豪华阵容对项目定位进行最终把关。

中海地产早在1998年即建立"项目定位"机制。
- ◆ 在香港成熟的市场经济环境中成长出来的中海地产，早在1998年即建立项目定位机制，并由集团副总及各专业部门总经理组成定位评审小组进行把关。而规划建筑设计，必须在项目定位之后严格按照定位方向推进，以保证产品符合客户需求。

没有定位就意味着没有方向

开发阶段: 　　　　　　　　　年　月　日——　年　月　日

总结与提升:

5.1.2 项目定位分析模型

模型一　SWOT分析法

01　SWOT分析法

- 在房地产项目的应用,基础应用是项目SWOT分析,精细化还包括地块SWOT分析、产品SWOT分析、营销推广SWOT分析等。
- strength（优势）
  - ★ 大环境（经济和政策）　★ 市场需求　★ 区位　★ 道路交通
  - ★ 城市规划　★ 建筑规模　★ 定位　★ 产品　★ 配套设施　★ 物业管理
- weakness（劣势）
  - ★ 市场需求　★ 区位　★ 道路交通　★ 地块形状　★ 规模
  - ★ 规划　★ 配套　★ 开发商　★ 管理
- opportunity（机会）
  - ★ 需求量增加　★ 商圈变化　★ 投资需要　★ 其他因素
- threat（威胁）
  - ★ 供应量过多　★ 商圈变化　★ 销售价格　★ 投资意识　★ 其他因素

02　SWOT分析的步骤

- 罗列项目的优势和劣势,可能的机会与威胁。将列出的各种因素根据轻重缓急或影响程度等排序。
- 优势、劣势与机会、威胁相组合,形成SO、ST、WO、WT策略。
- 对SO、ST、WO、WT策略进行甄别和选择,确定项目目前应该采取的具体战略与策略。

SWOT	优势（S） 1、2……	劣势（W） 1、2……
机会（O） 1、2……	SO 发挥优势 抢占机会 1、2……	WO 利用机会 克服劣势 1、2……
威胁（T） 1、2……	ST 发挥优势 转化威胁 1、2……	WT 减少劣势 避免威胁 1、2……

模型二　SCQ结构化分析法

- 情境（Situation）,即公认事实,需要完成某项任务。
- 冲突（Complication）,推动情境发展并引发矛盾的因素,发生了妨碍任务完成的事情。
- 疑问（Question）,分析存在的问题,如何实施解决方案。

年　月　日——　　年　月　日

总结与提升：

- SCQ 结构化分析法，通过对项目现实情况 S 所产生的结果 R1 与期许的结果 R2 两者之间的差异比较 C，找到项目需要解决的关键问题 Q。

模型三　市场竞争战略模型

市场竞争战略模型，将区域市场的项目划分成"领导者"、"挑战者"、"追随者"和"补缺者"四种角色，用不同的角色提炼出不同的竞争战略。

角色划分	具体描述	特征要点	竞争策略
领导者（行业老大）	标准制定者，有惊人的胃口和抵御市场风险的能力；项目有强势的品牌影响力和较大规模	★ 垄断价格 ★ 产品具不可复制性 ★ 过河拆桥竞争策略	★ 扩大市场需求 ★ 维持市场份额 ★ 提高市场占有率
挑战者（非行业老大，中大规模市场）	强调自我评判体系，拥有不错的品牌优势，通过创新产品，改变游戏规则	★ 改变游戏规则 ★ 强调新的评估标准 ★ 强调产品特色和价值	★ 价格竞争 ★ 产品竞争 ★ 服务竞争 ★ 渠道竞争
追随者（次/非主流市场）	项目在产品规模和品牌上无明显优势，核心竞争策略是跟随主流	★ 搭便车，借势 ★ 以小搏大，杀伤战术 ★ 价格战的制造者	★ 仿效跟随 ★ 差距跟随 ★ 选择跟随
补缺者（敏锐的机会主义者）	清晰的市场定位和客户定位，打造供需对应的产品，以填补市场空缺	★ 目标明确，挖掘客户 ★ 瞄准市场缝隙 ★ 创新产品和需求点	★ 市场专门化 ★ 顾客专门化 ★ 产品专门化

模型四　波士顿矩阵

01 波士顿矩阵定义

波士顿矩阵又称市场增长率。在地产营销领域的应用，体现了不同类型产品与利润贡献之间的关系。地产营销版本波士顿矩阵，在四象限阵营中，分类成"明星产品"、"现金牛产品"、"婴儿产品"和"瘦狗产品"。

- 明星产品：具备差异性优势以及稀缺物业类型的最高端产品，形成项目标杆价值。客户需求量高，可实现高市场价值。
- 现金牛产品：成熟市场中的主流产品，具有广泛的客户关注，它是项目资金的主要来源。客户需求量较高，可实现较高价值。
- 婴儿产品：目前缺乏展示、包装、推广的单位，需要不断投入以增强其竞争能力，可通过持续投资，发展为明星产品。目前客户需求较低，条件转化后可实现较高市场价值。

总结与提升：

◆ 瘦狗产品：产品优势弱，市场承接度低，客户需求量与市场可实现价值较低。

02 波士顿矩阵与营销策略

◆ 如项目入市以资金回笼为首要目标，在推售产品组合上，以现金牛产品为主。
◆ 如需以特惠房推出带动销售，以瘦狗产品为特惠房，配合以现金牛产品。
◆ 如为树立项目市场形象和影响力，推售产品就以明星产品为主打。

模型五　客户价值取向模型

客户价值取向模型把影响客户购买行为的五大因素（价值、规范、习惯、身份和情感）纳于一个系统内思考，体系化地分析客户需求，从而在项目开发和营销中有所偏向。

◆ 情感：产品能有效满足客户的情感和追求，自然更容易获得客户的认可。
◆ 价值：指所购产品带来的价值比同类竞争产品更大。
◆ 规范：避免或消除一种与其价值相左的内心冲突。
◆ 习惯：客户无意识地形成了一定的消费习惯。
◆ 身份：产品帮助客户在他人面前显露出理想的身份。

	\multicolumn{4}{c}{万科客户细分体系及产品价值取向}			
	家庭特征	购房动机	对房子的态度	产品需求
社会新锐	25～34岁的青年或夫妻，无孩子，高学历	★ 栖息：不喜欢租房，想拥有自己的房子 ★ 自我享受	★ 自我享受 ★ 品味体现：品味、情调、个性 ★ 社交娱乐：朋友聚会娱乐重要场所	★ 健身娱乐：较好的健身场所、临大型运动娱乐休闲场所 ★ 要求较好的户型 ★ 喜欢的建筑风格
望子成龙	0～17岁孩子	★ 孩子成长：好的生活条件，去更好的学校学习 ★ 改善住房条件	★ 孩子成长的地方，也是自己稳定感和归属感的来源	★ 高质量幼儿园、小学 ★ 小区安全能给孩子健康成长创造条件
健康养老	空巢家庭有老人同住的家庭	★ 孝敬老人：就医便利，住在一起 ★ 自我享受	★ 照顾老人的地方 ★ 安享晚年的地方	★ 看重外部环境，靠近景色优美的风景，空气质量好 ★ 小区或周边有大规模园林和良好绿化
富贵之家	家庭高收入，社会所认同的成功人士	★ 社会地位提升：和地位相当的人住一起 ★ 独立功能：单独的健身房、单独的书房等 ★ 跟风：周围人买、自己也想买，炫耀心理	★ 社会标签：事业成功的标志，可以挣得面子，体现社会地位	★ 带有社会标签意味的房屋特征明显，周边小区的档次也要很好、拥有高素质的小区居民、有名气的开发商
务实之家	家庭低收入	★ 大房（提升）：拥有更大的厅、卧室 ★ 置业：给后辈留下一份产业	★ 栖身居住：对房屋价值无更高需求，停留在满足生理需求层面 ★ 生活保障：重要投资，是未来生活的保障	★ 低的价格，追求低生活成本，生活便利 ★ 方便的公交路线 ★ 附近或小区里有小规模的便利店、商店、超市 ★ 附近或小区里有中小规模的医疗机构

开发阶段: 　　　　　　　　　年　月　日——　　年　月　日

总结与提升：

模型六　USP理论

USP理由又称为独特的营销主张。通过自身项目于竞争项目的比较，寻找到项目独有或是独特卖点，深入挖掘，生动包装，从而树立起产品独有的认识。

卖点分类：

- ◆ 楼盘硬件
  - ★ 户型卖点　★ 配套设施　★ 交通卖点　★ 精装修卖点　★ 板式住宅　★ 建材与配置
  - ★ 景观卖点　★ 新工艺新材料　★ 使用率卖点　★ 楼间距卖点　★ 会所卖点
  - ★ 泳池卖点　★ 户口卖点　★ 大型超市进驻　★ 规划卖点　★ 专业组合
  - ★ 大规模卖点　★ 创新技术　★ 绿化率卖点
- ◆ 建筑风格
  - ★ 异国风情：欧陆风格、威尼斯水乡、德国建筑、法式浪漫、欧洲城堡哥特式、意大利巴洛克式、拜占庭式、和式、东南亚风格
  - ★ 民族建筑：江南民居、岭南建筑、新四合院、水乡风情、徽派建筑
  - ★ 流行风格：古典风格、现代主义、后现代主义、新古典主义、新理性主义、解构主义及反构成主义、白派建筑、简约主义、流线造型
- ◆ 空间价值
  - ★ 错层卖点、跃式卖点、复式卖点、空中花园、大露台卖点等
- ◆ 园林主题
  - ★ 中心花园　★ 加拿大风情园林　★ 主题园林　★ 艺术园林　★ 亚热带园林
  - ★ 欧陆园林　★ 江南园林　★ 自然园林　★ 树木卖点　★ 新加坡式园林　★ 岭南园林
  - ★ 园林社区　★ 澳洲风情　★ 海滨风情　★ 热带园林
- ◆ 自然景观
  - ★ 全海景卖点　★ 一线江景　★ 二线江景　★ 园景卖点　★ 人工湖景　★ 山水景观
  - ★ 山景卖点　★ 河景卖点　★ 一线江景　★ 二线江景　★ 自然湖景等
- ◆ 区位价值
  - ★ 繁华路段　★ CBD概念　★ 中心区概念　★ 奥运村概念　★ 地铁概念　★ 商业地段
- ◆ 产品类别
  - ★ 小户型物业　★ Townhouse　★ 产权式酒店　★ 独立别墅　★ 酒店式公寓　★ 大户型物业　★ 商务公寓　★ 国际公寓　★ 学院派公寓
  - ★ 新独院住宅　★ 经济适用房等
- ◆ 人以群分
  - ★ 豪宅卖点　★ 白领卖点　★ 单身公寓　★ 工薪阶层　★ 外销卖点
  - ★ 先锋人　★ 国际化社区
- ◆ 原创概念
  - ★ 居住主题　★ 新都市主义　★ 宣言卖点　★ 度假式概念　★ 现代主义　★ 游戏规则
- ◆ 功能提升
  - ★ 健康概念　★ 投资概念　★ 绿色概念　★ e概念卖点　★ 环保概念　★ 生态概念
- ◆ 产品嫁接
  - ★ 教育概念　★ 音乐概念　★ 艺术概念　★ 运动概念　★ 旅游概念
- ◆ 楼盘软性

总结与提升：

★ 服务卖点 ★ 文化卖点 ★ 物业管理 ★ 口碑卖点
◆ 产品可感受价值
★ 品质卖点 ★ 成熟社区 ★ 身份地位 ★ 安全卖点
◆ 楼盘及发展商形象
★ 荣誉卖点 ★ 发展商品牌 ★ 自我标榜 ★ 张扬个性
◆ 居住文化与生活方式
★ 生活方式 ★ 品味卖点 ★ 文脉卖点
◆ 情感
★ 孩子卖点 ★ 情缘卖点 ★ 亲恩卖点
◆ 销售与工程进度
★ 奠基卖点 ★ 内部认购 ★ 第一期公开发售 ★ 第二期公开发售 ★ 最后一期公开发售 ★ 火爆人气 ★ 热销卖点 ★ 加推卖点 ★ 样板房开放 ★ 外立面呈现 ★ 封顶卖点 ★ 竣工卖点 ★ 交楼卖点 ★ 入伙卖点 ★ 尾房销售 ★ 现房卖点 ★ 答谢卖点
◆ 创意促销
★ 价格卖点 ★ 付款方式 ★ 竞卖卖点 ★ 节日促销 ★ 折扣促销 ★ 送礼促销 ★ 特价单位促销 ★ 巨奖促销 ★ 名人效应 ★ 各类比赛促销 ★ 征集活动促销 ★ 开放日促销 ★ 业主联谊促销 ★ 音乐会促销 ★ 表演活动促销 ★ 艺术活动促销 ★ 新旧房互动 ★ 车房互动 ★ 送私家花园 ★ 另类营销手法

5.1.3 定位决策依据标准化

01 **项目核心目标确立**

集团目标或项目目标设定，如追求利润、现金流、追求品牌以利于项目后期运作，否则具体目标无法进行界定。

02 **容积率与建筑形态测算标准化**

◆ 最佳容积率：是能够使利润最大的容积率数值。
◆ 项目容积率与利润推算方法
★ 首先是根据容积率限制和经验容积率、建筑密度、限高等确定大概的物业类型。
★ 用假设开发法（售价-费用）测算每种物业状态下每平方米土地（占地）所创造的增值。
★ 假设各种物业的占地比例及比例增幅，求出每种组合下的土地增值总额。土地增值总额最大条件下的容积率即为最佳容积率。

03 **核心竞争优势**

◆ 项目的核心优势具有独特性、排他性的资源。如果无法找到先天性的独特资源，就需要打造属于本项目的独特资源。

04 **主要竞争对手**

◆ 竞争对手的独特卖点及竞争优势，必须充分摸底，了解项目运作详情。用客户的眼光加以判断，自己的项目是否能够超越其他竞争项目，或与竞争项目充分形成差异化，给客户足够的购买理由。

开发阶段：　　　　　　　　　　　　　　年　月　日——　年　月　日

总结与提升：

5.1.4 项目定位内容要点提示

```
                  ┌─────────────────────────────┐
                  │  60 天内完成《项目定位报告》  │
                  └─────────────────────────────┘

┌──────────────────────────────────┐   ┌──────────────────────────────────┐
│ 形成初步《定位报告及产品建议书》 │   │     设计部进行初步概念设计       │
└──────────────────────────────────┘   └──────────────────────────────────┘

┌──────────────────────────────────┐   ┌──────────────────────────────────┐
│     成本部进行建安成本概算       │   │  财务部进行完全成本概算及其他测算 │
└──────────────────────────────────┘   └──────────────────────────────────┘

        ┌─────────────────────────────────────────────────────┐
        │ 确定《项目定位报告》和《产品建议书》及持续实施及调整 │
        └─────────────────────────────────────────────────────┘
```

项目定位报告及产品建议书内容要点

01　项目概况及项目特点分析

02　房地产发展背景研究
- 宏观经济政策背景及发展趋势研究，对房地产的影响判断。
- 区域房地产市场供需、价格走势研究，以及未来房地产市场发展判断。

03　项目竞争对手（周边及同类型物业）市场定位调查
- 有重要参考意义的竞争对手：
  ★ 项目概念　★ 主题特点　★ 规划设计　★ 立面造型　★ 户型面积及比例
  ★ 配套设施　★ 装修情况　★ 售价情况　★ 目标客户　★ 营销与卖点
  ★ 项目成败简析等

04　其他城市可借鉴优秀案例调查分析
- 提出与本项目的可类比性，解析成功关键因素对于本项目的借鉴意义。

05　关于本项目客户定位（重点论述）
- 项目 SWOT 分析。

- 目标客户群分析，调查现有人群及结构分类：
  ★ 年龄　★ 工作　★ 可支配收入　★ 受教育程度　★ 居住特点，租房或购房
  ★ 居住面积　★ 房屋类型　★ 接触媒介等

- 目标客户群分析，群体购房意愿及潜力：
  ★ 意愿购房时间　★ 位置　★ 面积　★ 户型　★ 朝向　★ 价格　★ 付款方式
  ★ 装修偏好　★ 房内配套如衣帽间阳台　★ 交通教育娱乐偏好等

开卷阅读: 　　　　　　　　　年　月　日 — 　年　月　日

总结与提升：

- 竞争项目购买客户群特点调查：
  - ★ 年龄　★ 身份　★ 工作　★ 原居住情况　★ 价格承受力
  - ★ 主要消化户型及面积等背景资料　★ 购买竞争项目原因等

- 客户定位（结论），细分客户，寻找目标购买群体：
  - ★ 年龄　★ 受教育程度　★ 可支配收入
  - ★ 原居住情况（位置、户型、面积、租用或自购）
  - ★ 居住习惯　★ 生活特点　★ 消费偏好等

- 目标客户群关心问题、汇总目标客户特征与需求。

06　项目主题定位

- 项目形象及发展理念，符合市场需求和客户偏好。
  - 形象定位、发展理念，如　★ 郊区化　★ 便利　★ 尊贵等。
  - 主题及概念，★ 体育主题　★ 水城主题　★ 休闲小镇　★ 温泉养生　★ 旅游度假
  - ★ 文化社区　★ 宗教文化（例：南山大佛带动山东龙口开发）等。

07　卖点提炼及主要借鉴项目

08　项目档次定位

09　项目规划楼体型态组合建议

- 说明高层、小高层、多层、洋房、别墅等建议与组合比例。

10　项目楼体型态内户型及面积建议

- 户型功能、户型面积说明、户型套数配比、户型面积配比、户型在各楼座排布说明。

11　小区商业面积及商业功能设置建议

- 说明功能及面积。如满足小区自身需要或外向型的，属铺面式、商场式、街区式或其他类。

12　项目配套标准建议

- ★ 车位配置数　★ 教育（是否需要设置幼儿园、中小学及其规模数量等）
- ★ 交通设置（是否设置住户车、公交线引进等）
- ★ 娱乐（会所面积及其他娱乐功能、设施）
- ★ 医疗或健康设施　★ 银行、邮局等

13　项目规划设计要求

- 实现容积率的前提下，规划设计特点要求（与项目整体概念吻合）。

14　项目结合规划设计，提出分期开发建议

- 分期数及原因说明，分期时间安排。

开发阶段: 　　　　　　　　　　　年　月　日——　　年　月　日

总结与提升:

- ◆ 各期占地面积、建筑面积及户型与比例。
- ◆ 各期之间的关联、各期施工及销售时间。
- ◆ 首期土地情况，首期施工的便利性、首期销售的利好因素。

15 项目结合规划设计，提出体验区建议

- ◆ 包括售楼中心、样板房、景观示范区、看房通道选址等与规划设计要求的结合。

16 项目建筑风格建议

17 项目景观设计要点建议

18 项目价格建议

- ◆ 预计整体均价，项目总销售收入。
  - ★ 各类产品价格特点及总价控制　　★ 说明各类总价的控制比例　　★ 各期价格
- ◆ 成本与盈利测算

说明在既定容积率条件下，建议产品组合的获利情况，并辅助以其他产品组合的获利情况说明建议产品组合的适应性。

分析时可参照以下表格：

功能	高层	小高层	多层	洋房	别墅	商业	车位	合计
容积率								
面积								
比例								
开发成本								
销售均价								
项目利润								
总容积率：								

经济效益评估表

经济指标	单位	项目总额（万元）	备注
销售收入	元/m²		
开发成本	元/m²		
总投资	万元		
项目利润	万元		
净利润	万元		
内部收益率	%		
销售净利率	%		

19 成本控制要求

- ◆ 基于预期售价说明整个项目的成本控制范围，使之可满足项目效益要求。

开发阶段:　　　　　　　　　　　年　月　日——　　年　月　日

总结与提升:

5.2 项目营销策划管理流程标准化

5.2.1 营销策划认知误区

01 营销策划就是一句好的广告语
- 大部分开发商对于营销策划的理解,是看看能不能提炼出一句好的广告语,营销策划管理者把关注点放在广告层面上。应该说,这是片面的,营销策划绝不等于广告语。

02 营销策划就是几幅好的广告画
- 很多的老板选择营销策划公司是通过比较广告设计,看谁家的设计好就定谁家。实质上,广告设计作为营销策划的一个部分,固然重要,但是广告设计是无法代替营销策划组织的。
- 好的广告设计是营销策划思想的表现和升华,可以通过广告这个平台与客户群产生更深层次的交流,但营销策划亦不等同于广告设计。

03 销售代理就是几个人推销房子
- 很多老板认为,销售代理就是雇几个人,不用投入本钱,就在售楼处里面卖房子,就能拿到销售佣金。实质上,销售代理是承担开发商最终实现销售的重要环节,通过科学、合理的前期定位、设计跟踪、营销策划、销售管理等环节,最终实现目标。

5.2.2 项目营销策划方案内容要点提示

01 营销阶段目标

02 项目自身分析
- 项目规划、建筑、景观、配套等自身特点梳理、分析。
- 深入了解产品的优缺点,找出产品特色,与竞争对手比较,找到最与之不同的特点及与客户购买需求的关联性。

03 区域市场动态分析
- 项目所在地总体市场供求现状分析。
- 项目周边竞争性楼盘再次调查与分析。
- 区域楼盘供应量(待售)调查与分析。
- 区域楼盘最近半年供应/销售量统计分析。
- 区域楼盘未来竞争形势(待开发地块)调查与分析。

04 客户群体分析
- 客户群体阶层确定。

开发阶段: 　　　　　　　　　　　　　　　年　月　日——　　年　月　日

总结与提升:

- ◆ 客户群体行为模式和价值取向分析。
- ◆ 客户品牌偏好和广告审美分析。
- ◆ 客户群体分布的地域。

05 区域市场可竞争项目营销水平分析
- ◆ 广告媒体、渠道、广告设计、示范区等营销水平。

06 项目营销战略
- ◆ 项目品牌形象定位。
- ◆ 项目营销推广主题定位。
- ◆ 项目营销推广调性确定。
- ◆ 项目营销推广手段。

07 项目推盘节奏
- ◆ 规划组团产品、价值分析。
- ◆ 项目分期推盘节奏建议。

08 项目价格策略
- ◆ 项目均价确定及需要考虑的因素：
  - ★ 项目的市场定位
  - ★ 项目的单方成本
  - ★ 项目利润目标
  - ★ 市场上现在及潜在竞争对手价格
  - ★ 市场承受能力和接受度
  - ★ 项目的最高指导思想，如追求利润最大或追求销售速度、规避风险
  - ★ 区域价格走势分析、区域需求量调查分析、区域现时供应量调查分析、未来开发量估计情况
  - ★ 上一批次单位实际销售价格、各户型套数、推出面积、销售率及热销（滞销）原因等销售情况
  - ★ 项目本次推出单位的整体建筑位置、景观因素

- ◆ 价差确定及需要考虑的因素：
  - ★ 楼栋差　★ 楼层差　★ 朝向差　★ 景观差　★ 户型差
  - ★ 其他因素：如装修标准、附送设备、噪声、日照等

- ◆ 价格分期及策略调整：
  - ★ 分期推盘相对应的价格策略
  - ★ 价格变化的市场反映和控制

- ◆ 销售价格管理要点：
  - ★ 付款方式的确定
  - ★ 优惠折扣的条件和方式
  - ★ 销售人员、销售经理等各级人员的让价空间和责权空间

开发阶段: 　　　　　　　　　　　　　　　年　月　日——　年　月　日

总结与提升:

09 项目营销阶段分期建议
- 项目形象期
- 项目蓄客期
- 项目认筹期
- 项目开盘期
- 项目持销期

10 项目分期营销主题及广告
- 广告 VI 系统设计：
  - ★ LOGO 设计
  - ★ 标准颜色设计
  - ★ 标准字体设计
  - ★ VI 应用设计，名片、纸杯、手提袋等物料设计
- 分阶段广告媒体组合策略：
  - ★ 推广媒体针对项目的适用性分析
  - ★ 分阶段媒体发布的组合安排计划
- 分阶段营销推广主题：
  - ★ 项目卖点提炼
  - ★ 项目主广告语（slogan）
  - ★ 项目分阶段主题广告语
- 销售物料的设计制作：
  - ★ 楼书、折页、单页、户型、海报等平面物料
  - ★ 多媒体、网站等企划、设计、制作
- 分阶段营销活动主题及实施方案。

11 销售示范区现场包装
- 售楼中心内外部包装设计方案
  - ★ 外部：工地围挡、地标、道旗、导示牌等
  - ★ 内部：交通位置图、区域位置图、鸟瞰图、沙盘模型等
  - ★ 工装、销售用品等
- 样板房内外部包装设计方案：
  - ★ 户型展示图、看房提示牌等
- 景观示范区：
  - ★ 景观说明牌等
- 看房通道包装设计方案。

12 开盘时间选择
- 工程时间进度、预售许可证取得的时间节点
- 开盘时间建议

13 总体费用预算及控制

开发阶段: 　　　　　　　　　　　　　　年　月　日——　　年　月　日

总结与提升:

5.2.3 开盘前准备情况检查表

营销部在开盘前至少一周组织按照《开盘前准备工作清单》检查开盘准备工作情况并及时将检查结果向相关领导汇报，确保项目准备充分、按时开盘。

开盘前准备工作清单

要求	分类	检查项目	现场状况
销售资料印刷完毕	内部资料	销售手册	□是 □否
	外部资料	价格表	□是 □否
		售楼书	□是 □否
		海报	□是 □否
		户型图	□是 □否
		按揭办理须知	□是 □否
	合同部分	意向书（认购）	□是 □否
		合同附加条款	□是 □否
		认购须知	□是 □否
销售人员持有		工装	□是 □否
		上岗证	□是 □否
		激光笔	□是 □否
		销售代表名片	□是 □否
		办公用品	□是 □否
销售人员培训情况		对销售手册内容的掌握	□是 □否
网上销售中心		资料更新完成	□是 □否
销售现场完成	现场包装	工地围墙展示	□是 □否
		工地广告牌	□是 □否
		立柱挂旗	□是 □否
		条幅	□是 □否
		销售中心形象背景板	□是 □否
		售楼处内各展板	□是 □否
		导示系统设计	□是 □否
		样板间户型牌	□是 □否

开发阶段: 　　　　　　　　　　　　　　　年　月　日——　年　月　日

总结与提升:

要求	分类	检查项目	现场状况
销售现场完成	现场包装	各房间功能牌	□是 □否
		玻璃防撞纸贴	□是 □否
	销售道具	模型	□是 □否
		样板间	□是 □否
	标准化用语		□是 □否
	法律文件	营业执照	□是 □否
		《商品房预售许可证》影印件	□是 □否
		其他四证影印件	□是 □否
		《新建住宅质量保证书》	□是 □否
		《新建住宅使用说明书》	□是 □否
		《预售合同》示范文本	□是 □否
	物业配合	物业清洁、保安人员到位	□是 □否
		所有保安物品、清洁物品到位	□是 □否

5.2.4 营销策划过程成本控制要点及方法

01 分期销售

◆ 销售节奏一定要把握好,项目的销售阶段要有蓄客、强销、持续期和清盘期,不同组团的分期开发前后关系搭配好,从而减少销售费用和期间费用,使促销效果更好。

02 高效推广

◆ 广告的诉求目的要明确,广告要达到预期效果,必须要有明确的主题和实实在在的、消费者所能看得见的实惠,才能效果好。客户在广告上面要能明确找到购买的理由。

03 统一导示

◆ 施工路牌要统一规划、统一设计、统一施工,提前与施工单位沟通到位,承担部分费用。

04 精致模型

◆ 严格控制建筑模型的制作,一定要选择一家品牌制作单位;一分价钱一分货,尽量选用优质模型材料;在单价确定后,一定要求制作单位精心制作,而且要有质量保证期。

05 售楼处

◆ 利用配套的会所、超市或营业网点作为售楼处,既显得气派有实力,又避免了因临

开发阶段: 　　　　　　　　　年　月　日——　年　月　日

总结与提升:

时搭建再拆除的浪费,但要提前设计。

06 **看房通道**
- 供客户参观的看房道路宜一步到位,将参观区和施工区隔开,给客户以整洁有序的感觉,又可避免安全事故。

07 **广告设计**
- 要请专业广告公司设计,看似多花了点儿设计费,而广告效果要好得多。

08 **广告比较**
- 要求广告公司设计A、B、C三稿,因为同样的设计费用,却能择优刊登。

09 **版面分析**
- 要选择目标客户习惯阅读的版面,而不是选最贵的版面。

10 **广告时段**
- 电视广告放在21:00~22:00比19:00~20:00效果更好,因为这一时间段可能正是客户刚刚回家打开电视的时间。

11 **户外广告**
- 大盘因开发、销售周期长,形象宣传更重要,所以应多做长期有效的户外广告看板。

12 **公交站点**
- 为解决郊区住宅的交通问题,可申请公交车设站点,既有利于销售和宣传,也是一种长期投资。

13 **花卉管理**
- 可在楼间设一个花房:一可观赏、二可做植物教育、三可销售赢利,一举三得,又能增加卖点。

14 **恰当案名**
- 起一个适合社区风格、时尚又易记住的案名,能节省许多广告费,又能有效营销。

15 **明确价格**
- 除非未定价,否则广告就要有价格,不管是起价还是均价,不确定的来电和来访并不有利于销售,有明确的价格更有利于销售。

16 **概念提炼**
- 有概念总比没概念好:不要否定炒作概念,要善于利用概念,如SOHO现代城。因为好的概念可达到事半功倍的效果。

开发阶段: 　　　　　　　　　　　　　年　月　日——　　年　月　日

总结与提升:

17 历史文化
- 查询、研究、提炼地块所在地的历史文化价值,利用项目将传统优秀的历史文化发扬光大,既是独特的卖点,又能起到事半功倍的销售效果。

18 客户联谊
- 要经常组织客户联谊会,并要求客户能一带一(新潜在客户)。当然,组织的活动有新闻点,随后能播发新闻更好。

19 制造新闻
- 要善于不留痕迹地制造新闻点。

20 大牌效应
- 商业物业在销售前期要尽量能引入大公司、名牌店,随后再见诸新闻,能起到羊群效应。

21 媒体联合
- 与媒体联合进行市场调研,由媒体免费提供版面,发展商提供奖品,调研信息由双方共享。

22 媒体互动
- 经常召开"媒体互动会"或相关活动,让媒体认可公司及项目开发理念,使媒体以新闻的形式不自觉地对公司和项目进行宣传。

23 软性新闻
- 公司可设专业"写手",持续宣传公司或项目品牌,毕竟软广告比硬广告效果更好,价格更低。

24 危机公关
- 要学会并善于危机公关,通过危机公关,将坏事变成好事,从而公众认为公司是"勇于承认错误,负责任"的公司。

25 参加房展
- 如果参加房展会,一定要精心设计和装饰展位,因为增加的促销效果远比投入大得多。可以通过差异化的策略进行设计,突出主题。

26 明星楼盘
- 根据公司发展战略和项目的具体情况,可参与本地的"明星楼盘"评比等活动。

27 节日活动
- 日常特别是活动或节日期间,设计制作精美的、独特的、有展示和收藏价值的礼品

开发阶段: 　　　　　　　　　　　　　　年　月　日——　年　月　日

总结与提升:

进行定向派送,费用比广告低,而效果却好得多。

28 围墙广告
- 充分利用围墙这一免费的广告载体,将围墙设计成一面与项目整体风格相符的、能充分展示项目形象的、能承载项目宣传主题的艺术画卷。

29 楼体广告
- 要利用沿街的楼房主体,在楼体上挂项目的宣传布幅。既能充分利用楼房主体这一免费的广告载体,又能美化工地。

30 项目的VCD宣传片
- 一张才二元左右,其图像、画面和解说词远比楼书的信息大,而且显得时尚、品位,比费用高、灵活性差的楼书更受客户全家的欢迎。当然,户型图等更适宜用平面楼书来展示。因此VCD配上楼书效果更好。

31 建立公司的网站
- 让客户在网站上尽量全面地了解公司和项目。

32 物业管理
- 要变被动为主动服务,要注重细节服务、特殊服务、心理服务。如早晚擦干净楼梯扶手、替业主擦干净分户门等,比冠冕堂皇地承诺有意义的多,以不断提高客户的满意度,形成较高的美誉度。

33 项目标志
- 设计一个好的项目标志,申请几部有规律号码的售房电话,促销效果同样事半功倍。

此部分改进与提高之处:

开发阶段: 　　　　　　　　　　　年　月　日——　年　月　日

总结与提升:

第六部分　设计管理标准化

6.1　项目方案设计流程标准化

6.1.1　规范设计流程的各个阶段是产品品质保障的关键

01　规划、景观等各专业齐头并进
- 现在，在规划设计阶段、甚至在方案设计阶段，就开始做规划、建筑、策划、景观、室内，各项设计"齐头并进"。设计流程的变化对开发商的统筹、整合、集成能力提出了更高的要求。

02　方案设计决定销售及成本
- 方案设计一方面直接决定了项目是否符合目标客户的需求，进而决定了项目未来的销售难易程度；另一方面方案设计直接决定了约70%建安成本的支出，关系到项目的成本、利润测算。

03　开发商应全程掌控方案设计成果
- 虽然规划设计品质保障的主体是设计师和设计公司内部管理，但在开发过程中，开发商仍然需要始终保持清醒的头脑，坚持成熟的理念并进行有效的控制。对待这个问题，任何无知和无所用心都将导致产品品质的下降。

04　规划设计决定产品品质
- 规划设计的品质直接决定产品的品质，因为产品的开发理念和水平是通过规划设计得以实现的，并据此作为施工的依据。

6.1.2　项目方案设计任务书内容要点

01　项目基本情况
- 项目位置、占地、地形、生态环境、配套等周边状况及优劣势分析。

02　项目定位
- 客户群定位、主题定位及物业类型定位。
- 结合项目特点，强化核心概念，为客户营造的居住氛围描述。

03　项目经济技术指标及户型配置、配套设施建议
- 土地面积、土地用途、建筑容积率、建筑覆盖率、小区绿地率、建筑退红线。
- 计入容积率的总建筑面积，住宅建筑面积、商业建筑面积、其他建筑面积。

开发阶段:　　　　　　　　　　　　　年　月　日——　年　月　日

总结与提升:

其他建筑面积包括：
- ★ 幼儿园建筑面积、用地面积　★ 物业管理用房建筑面积，可分散布置
- ★ 公厕建筑面积、配置　★ 文化活动站　★ 老年人活动站
- ★ 社区健康服务中心　★ 社区管委会　★ 邮政所

◆ 机动车停车设置标准，住宅车位户数比、商业车位户数比。

04　产品比例

- ◆ 各建筑形态建筑面积比（联排别墅、花园洋房、多层、小高层、高层等）。
- ◆ 不管方案如何调整，应保证住宅类型比例变化幅度不超过5%。
- ◆ 建筑形态配比中，坚持不变的物业类型、可调整的物业类型说明。
- ◆ 对于可调整的物业类型，说明调整后相应的户型配比的变化原则。

05　住宅产品基础指标

- ◆ 各建筑形态建筑高度或层数。
- ◆ 层高。
- ◆ 如有以下情况，层高按实际情况确定：底层地坪局部降低的、厅或卧室跨层设置的、顶层利用了坡屋顶空间的。

06　停车方式

- ◆ 商业停车方式。
- ◆ 根据地势的情况，如何布置地面停车、半地下停车、架空层停车、人防停车、地下停车。

07　户型配比

- ◆ 总体各住宅类型建筑面积比例。
- ◆ 总体户型套数比。
- ◆ 户型设计要求。

类型	户型	面积（m²）	套数估计	套数比例	备注

◆ 各户型功能房间面积、开间和必配家具

功能构成	最小使用面积（m²）	最小开间净尺寸（m）	必配家具	备注

开发阶段: 　　　　　　　　　　年　月　日——　年　月　日

总结与提升:

08 居住空间设备布置

◆ 各房间主要设备配置表

户型	房间名称	空调机		电话接口	网络接口	备注
		壁挂机	柜机			
三房一卫	客厅		●	●	●	

◆ 厨房设计原则：
  ★ 厨房中主要设备应按洗、切、炒的顺序流程布置，台面净长总和和操作台面的实际长度按最小功能布置。
  ★ 户型套内的冰箱设置位置。
  ★ 厨房开间净尺寸充分考虑厨房橱柜布置的需求，单面布置、L形布置、双排布置。
  ★ 设置服务阳台，不得影响厨房内L型操作台面的必要长度和使用方便。

◆ 厨房设备配置表

户型	星盆	操作台面净长度	设备预留位				
			炉灶	排油烟机	消毒柜	微波炉	冰箱 W×S
三房一卫	单盆	≥700mm	●	●		●	≥700mm×650mm

◆ 卫生间设计原则：
  ★ 洗衣机位的设置，户型中洗衣机可考虑设置于卫生间、厨房或者单独的洗衣空间中，阳台可以考虑设置洗衣机位。
  ★ 卫生间功能尽可能按照两分离式卫生间的原则进行设计。
  ★ 洁具设备配置表

卫生间	柱盆	台盆	坐便器	淋浴间	浴缸	洗衣机	热水器
	S≥600mm	S≥900mm	—	≥800mm×1200mm	≥1000mm×1000mm	S≥1500mm	650mm×650mm	—
		●	●	●			●	●

开发阶段: 　　　　　　　　　　年　月　日——　　年　月　日

总结与提升:

- 其他套内空间：
  - ★ 入户门厅应设计鞋柜的位置，鞋柜需考虑女士短靴、长靴放置的需求。
  - ★ 入户门设计应考虑室内私密性。
  - ★ 套内过道面积集约设置，可与餐厅、客厅等通道合并使用。
  - ★ 壁柜型储藏空间的净深应不低于正常衣柜尺寸。
  - ★ 书房成为独立的居住空间时，应至少考虑电脑书桌 1 张、墙面长度不小于 2m 的书架和休闲沙发椅 1 个的家具配置组合。
  - ★ 工人房成为独立的居住空间时，应具备直接采光，至少应考虑 0.9m 宽单人床 1 张、0.5m 宽床头柜 1 个的家具配置组合。
  - ★ 衣帽间成为独立的功能空间时，其使用面积应不小于 $6m^2$。

- 公共空间——楼梯间开间：
  - ★ 楼梯间开间净尺寸：2.40m　　★ 楼梯梯段净宽：1.10m
  - ★ 楼梯踏步设计参数：踏步宽 270mm（层高 2.80m 分 18 步）
  - ★ 入户平台：净宽 1.40m（无电梯）　　★ 休息平台：净宽 ≥ 1.20m

09　住宅户型特色探讨

- 商业具体面积表

商家种类		家数	面积（m²）	基本单位面积	面积比例	备注
超市						品牌大超市面积约 3000m²、小超市面积约 100m²
书屋						
宠物店						
餐饮	酒楼					1800 m²，需要在地下停车场有直达的通路到达。麦当劳：350 m²，1~2 层
	快餐类					
	特色餐厅、咖啡、酒吧					
	酒楼					
美容 SPA 健身中心						可以在 2~3 层
其他配套类单店						
总计						

开发阶段: 　　　　　　　　　　　　　　　　年　月　日——　　年　月　日

总结与提升:

- 特色餐饮：各地的特色美食、咖啡酒吧等可集中作成美食区，布局上展开多层次、多方位的休闲空间，如花园平台、门前的休闲露天吧、特色木窗、宽大的玻璃橱窗等。营造与环境结合的特色餐饮区，扩大商业项目的辐射能力，吸引更多较远的客户过来。
- 综合配套类单店，包括银行、药店、美发、便利店、网吧、音像店、冲印、干洗等。
- 商业布局参考建议：
  - ★ 购物休闲区，集中商业适于在广场附近的位置。
  - ★ 综合配套区，配套类单店的商铺每间建筑面积在 30～50m^2，面宽 4～5m，进深不超过 10m（综合配套区统一配置公共卫生间）。
  - ★ 餐饮区，前面设休闲广场及园林景观，商铺及楼顶平台预留大量的空间给商家设置露天台用。特色餐饮的每间商铺基本面积在 50m^2、70m^2 相互间可以打通合并。
- 其他商业细节：
  - ★ 商业与住宅分开，独立管理。　★ 统一考虑商家的招牌位置。
  - ★ 统一设计遮阳蓬。增加商业气氛、解决商业西晒问题。
  - ★ 商业部分车位要求。
- 排洪系统设计要求

10 方案设计原则

- 包括规划设计原则、交通组织原则、景观设计原则、单体设计原则、户型设计原则。

11 提交设计文件要求及进度安排

12 总体规划原则

- 满足城市设计要求

建筑总体布局、造型、色彩应注重城市设计，应充分考虑与周围地块的关系。

- 充分体现均好性原则

做到户户有景、户户有良好的朝向。

- 空间关系

合理处理建筑物与环境场地之间的关系。

- 有机组合与过渡

合理处理各种建筑空间的有机组合、过渡。

- 入口的展示作用

在总体布局时，应充分考虑入口空间的展示作用，集中体现项目主题、最大限度地展示项目卖点。

- 避免遮挡、利用内外部环境

住宅群体布置要避免建筑物之间的相互遮挡，要满足住宅对日照、间距、自然采光、自然通风的要求，要充分考虑对小区内部环境及外部远景的利用。

- 避免噪声影响

充分考虑地块周边噪声对本项目的影响，要提出合理的规划布置方案，避免或减低噪声对主要房间的污染，要尽量减少通过使用技术手段来降低噪声（会带来建筑成本的提高）。

开发阶段: 　　　　　　　　　　　　年　月　日——　年　月　日

总结与提升:

- ◆ 经济性原则

总体规划要充分体现经济性原则，合理平衡土方量，控制地下室的合理面积，以降低建筑成本。

- ◆ 营销体验区前置

满足营销体验区提前展示、使用的需求，合理安排售楼中心、样板房、景观示范区、看房通道的规划布局及交通动线，符合提前施工、实景呈现的要求。

- ◆ 交通组织原则：
  - ★ 应注重处理小区主要出入口的位置，考虑公共区域与私密区域的关系，解决好区内各种流线（生活后勤服务、临时访客、消防疏散等）之间的关系，做到人车分流。
  - ★ 内部交通与消防车道原则上应在用地红线范围内解决，同时注意在规划设计要点要求的最小后退红线距离无法满足消防要求时，适当调整建筑物后退红线距离。
  - ★ 保证消防通道与扑救面对坡度的要求。
  - ★ 合理解决地形高差对行人在交通上造成的不利影响，考虑残疾人无障碍设计。
  - ★ 住宅与车库之间建立方便的联系。
  - ★ 合理解决配套公建设施的停车及交通疏散问题，将其对住区的影响降到最小。

13 景观设计原则

- ◆ 结合项目主题文化进行环境设计。
- ◆ 营造与众不同，具有冲击力的个性化产品。
- ◆ 把握小区环境重心，对景观主轴进行重点设计，最大限度地展示项目卖点。
- ◆ 处理好各种环境空间的有机组合和过渡。
- ◆ 注重景观细部设计，在组团景观节点、社区交通枢纽和局部小环境等代表产品细部的方面，充分表现产品的精细度、质量和档次。
- ◆ 多层次的立体景观设计。

14 单体设计原则

- ◆ 结合项目主题文化确定建筑风格。
- ◆ 充分发挥色彩与材料质感的装饰作用。
- ◆ 多层次、多角度地体现人性化住宅设计。
- ◆ 建筑屋顶及山墙面要作为重要的景观元素来进行设计，特殊位置的住宅要进行独立设计，作为一个重要的景观元素重点处理。
- ◆ 建筑设计要结合结构、设备专业统筹考虑，住宅室内空间无突出墙面的梁柱，建筑物的主要外立面无突出的设备管线。
- ◆ 住宅公共前厅尽量要有自然通风的设计，避免封闭式走廊的压抑与不安全感，并减少机械通风排烟的经济投入。
- ◆ 住宅底层要设计具有一定高度的入口大堂，其设计风格应表现出高层次的文化品味与项目的主题定位相吻合。
- ◆ 细部设计是支持产品档次的关键之一，设计方案要对其充分重视，对建筑物的近人立面、窗户、阳台、花槽、空调机位等构件均需仔细考虑。
- ◆ 空调机位的位置设置需要避免住户开空调对于楼上、楼下邻居的噪声干扰。
- ◆ 售楼中心的外立面设计与总体建筑风格协调一致。

开发阶段: 　　　　　　　　　　年　月　日——　　年　月　日

总结与提升:

15 户型设计原则
- 住宅设计要紧密结合本地块的策划要点,设计中要有核心性的基本思路,在保证平面方正实用的前提下,要有所突破和创新。
- 户型设计应规避周边不良景观的影响,对来自用地周围交通干道的交通噪声也应有足够的防噪措施。
- 遵循景观均好性设计原则,对于景观较差的户型要通过户型创新或提供更多的退台花园等方式给予其他补偿。
- 满足住宅舒适性要求,每户拥有良好的自然采光、通风条件;起居室、主卧室视线开阔;保证至少一个主要的功能房间朝南、东南或西南;无暗厨、暗卫出现;每户之间避免视线干扰,保证住户的私密性;提高住宅的实用率。
- 平面设计要求简洁性(无过分凹凸现象,结构形式简洁,以利于地下使用率的提高)、可改造性(结构体系提供可以根据不同使用要求自由分隔、灵活组合的可能性)、系统化(户型设计中应保持不同面积户型的开间比例,做到户型设计的系统化)、实用率(充分有效地利用户内空间,交通流线简洁,提高住宅的实用率)。
- 户型设计根据不同的总图位置、景观轴线进行不同的设计。在适当位置可以考虑特殊户型的设计,如复式、跃层、架空层花园的设计方法,做到户型设计形式的多样化和户型结构层次的丰富性。

16 平面设计原则
- 各户型功能房间如起居室、餐厅、主卧室、次卧室、厨房、卫生间、衣帽间、酒窖、影音室、SPA、储藏室的面积、开间和必配家具,销售部要明确提出合理设置需求。
- 户内要有合理的功能分区,公共活动区、适度交流区、私密区等各区功能,不能简单化地进行分离,要尽量汲取现代集合住宅发展的一些新精神,探讨户内各个组成空间的有机组织。
- 套内交通组织顺畅,不穿行起居室、主卧室等主要功能空间。
- 起居室、餐厅、厨房配置紧密协调,设置入户过渡空间。
- 除厨房、卫生间外,平面空间应尽可能可以根据不同使用要求自由分隔、灵活组合。
- 大户型设计中应充分考虑主人、客人以及保姆的动线,使之尽可能合理、方便使用。
- 气候炎热潮湿的地区,户内尽量能够形成空气的对流。

17 空间组合原则
- 底层户型需结合地形,设计室外私家花园,保证住户的私密性,同时须考虑日照条件。
- 顶层户型可考虑设计屋顶花园。

18 各功能空间的设计要点
- 阳台——每户应设置两个阳台,分生活阳台和工作阳台,洗衣机放在工作阳台上,阳台应结合户型面积大小,对其位置、尺度、比例进行选择。
- 室外平台——对于住宅挑台、退台和屋顶平台,立体绿化一定要纳入设计。

开发阶段:　　　　　　　　　　　年　月　日——　年　月　日

总结与提升:

- 主卧室应充分考虑衣帽储物空间和功能。
- 厨房应考虑与餐厅的联系以及其形状、规模、设施的布置,同时考虑相应的电器插座位。排烟采用集中的竖向排烟道。
- 卫生间内设施公卫设置淋浴间(主卫设置浴缸)、台式洗脸盆、座便、机械排气装置,洁具的空间布置要使用舒适,并能充分利用空间。
- 卫生间设计原则:洁污分区和多卫生间设计在改善型住宅中以普遍应用。豪宅设计中,要做到三分离或四分离,主客分离,主仆分离。
- 特殊产品如海景度假房,可将浴盆放到主卧阳台上,客户很有购买冲动。
- 老人公寓:在部分多层住宅适当考虑老人公寓概念,建议多层带电梯、无障碍设计、共享中厅、娱乐室、医疗保健室、小型厨房、户外活动硬地以及自助花园等个性化设计。

19 设备专业要求

- 管道、管线布置采用暗敷、布置合理;地上燃气管道及计量表应明装。
- 立面尽量不设立管,设集中管井,位置合理、布管规整。
- 套内无排水立管穿楼板现象。
- 每户内应设有足够的电视、电话、电脑网络系统的定型接口。
- 水、电、燃气全部户外计量;燃气管由厨房阳台接入,燃气热水器位置均预留在厨房阳台,厨房阳台及安装热水器燃气表等的墙面应足够大,以满足设备要求。
- 水泵房、直饮水机房、储水池、水箱、游泳池处理机房、锅炉房、管道井的位置、面积、层高合理。
- 应设置电话光纤机房、宽带网络机房及有线电视放大器箱的位置。
- 变配电房应尽量靠近负荷中心,并考虑进出线方便。
- 空调机房应根据设备情况留足面积与空间。
- 发电机房的设置应综合考虑环保要求、进排风方便及对建筑立面的影响。
- 强弱电竖井应尽量分开设置,其净空面积应满足使用要求。
- 每户内设可视对讲系统,并预埋防盗报警系统的保护管。
- 各栋楼屋面泛光照明及室外照明应留出足够的容量。

20 商业业态

- 注意位置和面积的划分,确保能建、更要能卖、能用。

21 提供资料

- 提供五套从不同角度透视的效果图,供广告设计、项目宣传使用。
- 设计方案成果要求。

开发阶段: 　　　　　　　年　月　日——　年　月　日

总结与提升:

附：项目户型设计标准化要点（万科U8系统）

01　星级感受的公共空间系统

- 公共空间如酒店大堂一样温暖周到。单元大堂区域应创新设计为半开敞式的公共空间，设计中应充分考虑客户归家的动线和沿路放松的心情。从进入大堂起，即可体验到"回家即是享受的开始"。公共空间区域主要由单元大堂、走道、电梯厅和电梯轿厢组成，单元大堂的细节设计可以让业主备受尊重的身份感从踏进大堂开始迎面而来。

02　趣味的玄关空间系统

- 玄关空间系统需考虑设置过季鞋类和常用鞋类的分区收纳，以及与家庭成员数量相匹配的鞋盒放置单元。创新设计一个具有强大收纳空间的多功能趣味玄关系统。客户无论是忙碌的工作后回家、湿答答的下雨天进门，还是健身或购物之后，从踏进家门的第一步起就开始享受轻松。

03　神奇的厅房空间系统

- BOLBY环绕立体声的基本配置里需要多少条音箱线不是与客户的知识相关，而是与客户的品位相关。厅房是客户最重要面子工程，需要关注的细节之处有：

① 基于男主人对于客厅液晶电视和多媒体系统的偏爱，改进了客厅可挂平板电视的墙面，在电视墙上安装了铺设多媒体线路的隐蔽管道，再不必为电视DVD和多媒体设备露在外面而烦心。

② 基于女主人对家庭美食大餐的追求，在餐厅设计自由备餐柜的放置区，位于餐桌对面，将来可以放置简单的食品和餐具。同时还采用大面积的磨砂玻璃门，这样使餐厅更通透、明亮。增强餐厅与厨房之间的亲密交流。

③ 基于客户喜欢吃火锅的爱好，在餐桌旁边设置有电源插座，让客户随时可以用电火锅招待亲朋好友。

④ 基于对休闲生活的追求，将客厅与阳台的尺度延伸形成"休闲大阳台"，不仅作为大尺度的观景阳台，给予家庭更多的阳光和空气，还增加给水点，方便浇花养草。还可作为客厅的户外休闲空间，喝茶、聚会。

⑤ 基于男主人大冬天上床后还要去门口关灯的小烦恼，在卧室设置双控照明开关。

⑥ 基于对男主人对移动电话24小时待机的要求，为卧室的两个床头柜都配置了两个插座，一个为台灯准备，另一个供手机充电用。更周到的是插座合理设置在床头柜的高度上方，操作更人性化。

⑦ 基于保护户内门扇、门框，延长其使用寿命及满足室内消声、隔声的效果，为户内门框装上防撞橡胶条。

04　愉快的厨房空间系统

- 依据人体工程学和科学的餐厨动线设计了厨房空间系统，使烹饪程序更加流畅轻松。光洁的流线表面使清洁打理更为简单快捷，还有超大容量的储存空间，让锅碗瓢盆各得其所、井井有条等，让居家真正体验"愉快实用"和"亲密分享"的餐厨新空间。

开发阶段: 　　　　　　　　　　　　　　年　　月　　日——　　年　　月　　日

总结与提升:

05 享受卫浴空间系统

- 根据人体工程学与功能流线重新打造了卫浴空间系统，设计采用创新的流线布局和合理的干湿功能分区、分类收纳。特别在主卧卫生间的设计中采用具有强大收纳功能的镜框和盆下柜，全面满足化妆、淋浴和如厕的使用要求。

06 功能强大的收纳空间系统

- 整合收纳空间中的衣帽间和储物柜两部分，设计采用创新的衣帽间男女分区收纳布局和个性化活动层板。

07 独具创意的家政空间区域

- 解决传统户型把居家杂物堆放于厨房内外的杂乱与不雅，创新设置一个独立的家政空间，使日常家政琐碎与生活空间分离，互不干扰。在主卧、客厅和餐厅三者空间的动线交汇处创新设计出了人性化的家庭洄游空间，逐步建立起一种新的家庭动线，让家庭成员通过"快乐洄游"建立"爱与初爱、关怀与被关怀"的和谐环境。

08 更加人性化的家居智能化系统

- 更多从快乐家庭生活的理念入手，把先进科技在家居空间进行广泛应用。在客厅与厨房设置集中化终端系统，科技不仅能为主人提供安全保障，同时还具有轻松的娱乐功能。比如厨房的可视终端系统，同时还具备可视对讲、电视、电话、DVD 等功能。烹饪的过程中也享受无限乐趣。而基于预防意外的情况，还设计了三部分智能安防系统，其中包括红外线双重监控系统、主卧 24 小时报警按钮、厨房煤气报警系统。

因篇幅有限，此部分为规划要点精简介绍，如需更多的规划要点提示和专家服务，请登录 www.xlhgw.com 免费咨询。

此部分改进与提高之处：

开发阶段: 　　　　　　　　　　　　年　月　日——　年　月　日

总结与提升:

6.1.3 项目方案设计创造附加值具体做法

01 方案设计阶段的产品附加值
- 方案设计阶段的产品附加值体现在项目先天因素的扬长避短（包括自然条件、社会条件、规划要点的分析），项目产品配置和性能的优化（包括部品配置、性能标准），项目产品概念、形式和风格的差异化。

02 产品创新研发前置
- 将项目产品创新研发流程与项目开发主线分离，并前置至项目策划阶段，大大缩短项目研发周期。

03 修订影响项目方案设计的产品技术标准
- 在编写方案设计任务书前先完成修订影响项目方案设计的产品技术标准。案例：某项目设计师强调建筑单体的外形平整，在户型平面设计了一些凹槽，外立面达到了规整的视觉效果。但是部分户型空调室外机设置在室内空调小室内，导致室内噪声大、空调室外机散热不好，直接影响空调制冷效果。部分户型空调室外机集中放置在空调凹廊上，外机均为上出风，导致热风在凹廊内聚集，无法排出，导致外机无法散热直至停机、无法制冷。

04 规划设计创造价值

- 楼梯采光

龙湖的部分别墅，在楼梯间上方采用屋顶直接采光，成本增加不了多少，却是很大的卖点。

- 山墙开窗

山墙的房子因噪声或日晒等原因不太好卖，可以将靠近山墙的位置设计成客厅、卫生间的窗子，增加直接采光面积，既能提高档次，有利于销售，还可丰富外立面。

- 立面色彩

不同颜色和图案的立面组合，同样的花费，而效果可能大相径庭。

- 局部挑空

复式房屋的门厅、客厅部分，可设计两层挑空。既可降低所计面积的税费、出让金等，又能增加卖点。

- 围墙设计

实体围墙避免二次浪费，而且安全、高档、具有神秘感，更受客户的欢迎，施工时，可将实体围墙提前施工，避免二次改造。

- 洁污分区

洁污分区，干湿分离的户型设计，便于管道并用，可减少建安成本。

- 基本智能

高智能的报警系统的误报率很高，不用还会增加投诉的可能，因此需充分评估智能化的配套标准。

开发阶段: 　　　　　　　　　　　年　月　日——　　年　月　日

总结与提升:

◆ 社区会所

社区会所盈利很难，建或不建、建多大面积、配备什么功能、是否可与其他配套用房共用等问题，需要提前有明确的判断和要求。会所的位置最好选择在既方便服务业主，亦可对外经营，又不影响业主内部管理的位置。

◆ 幼儿园、学校

规模小的社区最好不要配套建设，因为师资、生源难有长期保障。可与其他学校甚至贵族学校联建，将本社区的生源作为资源换取入学优惠，远比自己建设一所要划算得多。

◆ 羽毛球场

在普通小区设羽毛球场比网球场更受欢迎，而且价格便宜得多。

◆ 慎建泳池

规模小，售价低的社区最好不要配套游泳池，因为游泳池维护费用太高，使用率普遍较低。

◆ 阁楼设计

露台与阁楼结合设计，取消过低的部分，设计成露台，丰富使用功能，展示给客户，提高卖点。

◆ 慎设花槽

北方风沙大，冬天冷，居民很少在阳台外花槽内养花，而且阳台外浇花的水易沿墙面流下，污染墙面，影响整体的美观。

◆ 冰箱、洗衣机

在厨房设计专用冰箱机位，与厨房整体设计，以便于取物；洗衣机位设于生活阳台，使用便利；滚筒式洗衣机、前开门洗衣机可放在厨房操作台下，也与厨房整体设计，管线连接比较方便。

◆ 厨房创新

经济型住宅，厨房创新设计，其中 L 型厨房最佳，利用率较高，最适合多人做饭的"家庭分工"。

◆ 楼梯展示

复式房屋的楼梯设计有时可在实体隔墙上预留几个高低、大小不等的洞，作为放置艺术品的壁龛。既能减少工程量，又能增加客户的想象力，显得有艺术品位。

◆ 提高可售率

在总建筑面积控制的前提下，尽可能减少配套的面积（如会所、学校等），而增加可售面积，效果明显。

◆ 合理确定赠送面积

通过"偷面积"实现"偷容积率和偷地价"，对户型附加赠送面积，使客户得到实惠，当然赠送面积相对应的建安成本应从售价上反馈回来，甚至超比例回收建安成本。

◆ 合理控制地面停车位和地下停车位的比例

地下室面积在总建筑面积中所占的配比直接决定了项目的成本指标，一个地下停车位造价约 10～12 万元，而地面停车位造价约 1 万元，建议综合考虑产品品质和满足规划要求停车位数量的前提下，减少地下停车位以达到控制成本的效果。某项目地下室面积占总建筑面积的比例高达 30%，而地下部分售价及售出比例均不理想，导致最终项目的利润全部压在地下室上。

开发阶段: 　　　　　　　　　　年　月　日——　　年　月　日

总结与提升:

◆ 优化地下室停车位排列

认真优化停车位排列，可以提高出停车位率，多出的停车位在营销阶段就有可能变现。同时停车位的排列还与柱网有关，高层建筑 8.4m 里对中的柱距刚好可以排 3 辆车，这是个结构上经济、停车排放上也经济的柱距，怪异的柱网会大大降低停车位使用效率。

◆ 一楼架空层停车

控制层高在 2.2m 以内，不计入容积率，减少地下停车，方便业主。

◆ 半地下停车降低成本

半地下停车比全地下停车施工成本低、采光好、更便于管理。利用地势高差做半地下停车场则更好。

◆ 地面停车降低成本

可能的话，尽量采用地面停车。对于经济型别墅，如 Townhouse 或小别墅项目，地下停车成本高，难设计，增加了消费者的购房成本。

◆ 利用红线退距当作地面停车场

可以利用项目的红线退距当作地面停车场，给客户以更多的、不同层次的消费选择。

◆ 控制停车库层高

尽量降低停车库层高，层高 2.2m 以下不计建筑面积，也就不缴纳相应的税费。

◆ 优化层高

满足产品定位和客户需求的前提下，确定合理的层高，可同时起到控制造价和提高节能效果的作用。

◆ 管网布置优化

特别是中大型项目，优化室外给排水管网走向、化粪池位置，减少给排水管线长度可以减少一定造价。

◆ 供配电房位置优化

合理确定供配电房所在小区内位置以缩短高压进线电缆、低压电缆（配电房至各栋单体）的长度。

◆ 水泵房位置优化

合理确定水泵房位置，优化水管长度。

◆ 小区道路优化

从道路面层材料（石材、沥青混凝土、混凝土）、结构层和面层高度（是人行、还是上小型车辆、还是要考虑消防车辆）、路牙（石材、混凝土）等方面优化。

◆ 停车场

从面层材料（石材、混凝土、建菱砖、混凝土植草砖、塑料植草砖）、结构层和面层厚度（是否上大型车辆）、路牙石材（石材、混凝土）等方面优化。

◆ 硬质地面面层材料优化

面层材料在硬质地面造价中超过一半比例，在方案阶段景观设计还没有开始，但面层材料是景观设计阶段优化的重点，如材料档次是否与产品匹配、厚度是否与荷载匹配。

◆ 绿化的优化

地被、灌木、乔木造价依次提高，所以三种植物应搭配有度、疏密相间；乔木价格差别很大，甚至差上百倍，建议避免使用动辄上万元的乔木；选用植物应与本地气候、土壤相适应，否则死亡率高则造价高、后期养护费用也高。

总结与提升：

- ◆ 减少地下室埋深

可以减少土石方、基坑支护、地下室外墙结构、外墙防水、通风等大量造价。

- ◆ 钢筋级别、种类优化

减少、避免转换层：转换层的钢筋含量、混凝土含量、模板含量分别是标准层的数倍，所以在转换层增加投入和使用转换层后带来的销售效益之间应加以经济性比较。

- ◆ 减少、避免外立面二层皮

外立面（石材、面砖、涂料）完成面基础上再外挂铝穿孔板、铝格珊等装饰构件以取得外立面效果，但第二层皮每平方米造价较高，应加以优化。

- ◆ 降低开窗率

外立面门窗单价比墙体单价高，应优化。

- ◆ 优化砌体材料

在满足节能计算、当地墙体革新、外墙防水等要求前提下，可优先考虑价格合理的墙体材料。

- ◆ 优化节能门窗与普通门窗的比例

节能门窗与普通门窗有价差，建议通过节能计算，只有在节能、降噪需要的立面和层数使用节能门窗，其他部位用普通门窗即可。

- ◆ 外墙材料优化

外墙材料档次、不同材料搭配应与产品定位、售价匹配，避免昂贵材料的堆砌。可用涂料的不用外墙砖，可用外墙砖的不用石材，可用湿挂的不用干挂，空调架内建议使用涂料而不用外墙砖。

- ◆ 优化外立面线条、小构件

外立面线条、小构件之类零星工程，应结合立面效果优化。

- ◆ 降低外立面面积系数

综合考虑户型与外立面周长、凹槽采光井的优化问题。

- ◆ 保温层优化

选择合适的保温层材料。

- ◆ 优化防水方案

施工图阶段要与防水专业公司进行二次设计和优化，卫生间墙面、地面防水，厨房是否需要做防水，地下室内、外哪种防水效果更好、更经济。

- ◆ 选用经济桩型
- ◆ 边坡支护
- ◆ 初装面层优化

毛坯交楼时地面、墙面建议只做底层、不做面层，因为施工面层的水平无法达到客户的要求，避免砸掉重做，二次浪费。

05　赠送面积的实用方法

合理赠送面积，可以提升产品的附加值，提高竞争力。用较低的建筑成本获得市场认可、客户认可的高回报。

开发阶段： 　　　　　　　　　　　年　月　日—— 　年　月　日

总结与提升：

- ◆ 可拆除的步入式凸窗梁。

为了"偷"面积，可以将凸窗部分设计出一道横梁，使得凸窗层高不高于2.2m。而客户在拿到房子后，这样一道专为"打掉"设计的横梁便可"拆卸"掉，使原本2.2m的层高变成2.8m，与正常房屋层高一致。将这种"偷"面积方式发挥到极致的是，在屋内做一道假梁，将部分空间隔成两层，下层空间不超过2.2m，上层空间0.6m左右用于储藏室。在装修的时候，购房者可将假梁打掉，使得房屋空间变大。

- ◆ 可拆卸凸窗：低台凸窗变落地凸窗。

主要的技巧是把带窗外墙向外推移，把窗台放到最低，做成大玻璃窗，这样在外立面上会凸出一部分。在设计中，为了层高不超过2.2m，通常开发商会做一个较低的平台，这称为低台凸窗，在设计图纸中和毛坯房交付时可能会有"低台"，装修时，"低台"可打掉。由于本身凸窗有2.2m的层高，加上打掉的那部分"低台"，凸窗层高可达2.3m或更高。这样通过低台凸窗变落地凸窗的做法，使得房屋的空间更舒适。

- ◆ 空调室外机位，变小小的生活阳台。

为使小户型项目能够得到更多的消费者青睐，可以将空调室外机位改造成生活阳台，根据相关规定，空调室外机位不计入建筑面积。改为生活阳台后，业主可以作为使用面积，起码"偷"了一半面积（阳台只计一半建筑面积）。这种做法，使得每户"偷"了约一个多平方米。

- ◆ 一楼住户赠送半地下室。

一楼住户赠送半地下室，通过一个楼梯将半地下室和一楼客厅相连，使得楼上楼下有机结合起来。有些则与入户花园结合，成为一个极富个人情趣的私密空间。

- ◆ 入户花园计算一半面积可改房间。

由于入户花园和阳台只计一半建筑面积，通过做大入户花园和阳台也属"偷面积"之举，业主可通过自行装修的方式将阳台改为书房使用。

- ◆ 结构设计取消阳台墙垛，客厅与阳台融为一体。

小户型通常客厅空间较小，也可能设计为客厅、餐厅一体的空间。为了扩展室内空间，可以在结构设计时取消客厅与阳台之间的墙垛，客户装修时可以自行拆除墙垛，达到扩展室内空间的效果。如果是一室户型，客户可能将一室通过装修扩展出二室空间。

- ◆ 错层双层高露台。

双层高露台首先在从室内空间向外界的自然延伸上，对居住的舒适性肯定有所帮助。对于错层大露台如果是可以用玻璃窗封上，或加楼层板使上下两家都增加面积。

因篇幅有限，此部分为项目方案设计流程要点精简介绍，如需更多的提示和流程设计服务，请登录www.xlhgw.com免费咨询。

开发阶段： 　　　　　　　　年　月　日——　　年　月　日

总结与提升：

6.2　项目景观设计流程标准化

6.2.1　环境景观的认知误区

01　景观设计介入时序不当
- 目前房地产开发中,往往把景观设计工作放在规划、建筑设计之后,在大势已去或木已成舟的局面中,景观设计进行见缝插针式点缀或装扮,作为建筑的补充和填充,这无疑给小区的景观带来了缺憾。
- 景观设计应在规划设计阶段尽早介入,让规划、建筑和景观三方面有一个交叉和互动的机会,可以保证小区开发最大限度地利用自然地形、地貌、植被等资源,保证景观元素的合理分布,使小区的园林绿化景观功能和实用功能得到充分满足。另一方面也有助于规划、建筑和景观之间的和谐统一。

02　住区景观"公园化"
- 过分的人工雕饰,把"家园"搞成了"公园"。其实不然,住区环境形成的是人与其所生存土地的关系。如果说建筑拉远了两者之间的关系,景观则拉近了两者的关系,它应该越自然越好,让人参与到自然中来。

03　居住区景观设计常见的问题
- 环境景观与建筑单体缺乏和谐统一。
- 盲目追求欧美风格,照搬照抄,景观雷同化、西洋化。
- 单纯地满足视觉功能,景观设计忽视参与性及户外活动的行为习惯。
- 偏重景观的平面设计,忽略景观的立体设计。
- 设计师对环境景观的文化深度挖掘不够,尽管景观元素丰富,缺少文化底蕴,营造的家园没有灵魂等。

04　追求最好的景观设计
- 严格来说,没有最好的景观设计,只有最贴切的景观设计。最贴切的景观设计,就是在某个具体的地块上,讲究天人合一、建筑与环境相统一的设计,使住宅小区独具特色、焕发个性魅力。

此部分改进与提高之处:

开发阶段:　　　　　　　　　　　　年　月　日——　年　月　日

总结与提升:

6.2.2 住区景观的功能层面构成

01 使用功能层面
- 主要满足住区人们户外活动的需求,如晨练、散步、游戏、乘凉、谈天等,儿童与老人是这类人群的主要构成者。

02 审美功能层面
- 住区景观是一种人们审美的特定场所。人们以各自的方式或立足点欣赏周边环境,并形成各自的意义,这种意义需要通过设计采用一定的形式去表达。

03 生态功能层面
- 景观离不开自然界的土壤、空气、阳光、水、植物、动物等,它与住地的微气候和生态圈的形成休戚相关。住区景观离不开对可持续性发展、低耗、节能、高效和居住健康与舒适性的把握。

04 立意的确定
- 居住区景观环境设计,并不仅仅单纯地从美学角度和功能角度对空间环境构成要素进行组合配置,更要从景观要素的组织中贯穿其设计立意和主题。

05 重点和难点的确定
- 在立意确定之后,应该结合现场实际情况对住区景观营造中的重点和难点做客观的分析,从设计开始进行逐一地化解和突破。项目不同,重点和难点自然有所区别。
- 如何让住户感受到景观立意?依靠哪些元素?如何组织?
- 如果是北方,北方的气候特点,植栽品种有限,绿化造景难度较大,尤其是冬季如何减弱园区的凄凉和萧瑟。
- 地下、半地下车库顶板的绿化和土坡地形的塑造。
- 日照间距带来宅间的空旷,景观营造中如何做到尺度宜人又层次丰富。

06 元素和手法的确定
- 所有住区环境的构成要素,包括各类园境小品、休闲设施、植物配置以及居住区内部道路、停车场地、公共服务设施、建筑形态及其界面,乃至人的视线组织等都在居住区环境景观设计范围之内。

——摘自《绿城讲堂》

此部分改进与提高之处:

开发阶段：　　　　　　　　　　　　年　月　日——　　年　月　日

总结与提升：

6.2.3 项目景观设计任务书内容要点

01 **用地概况**
- 包括项目名称、位置、用地现状、用地四周至范围描述、用地现状的地形地貌、用地现有的绿化植被、气候气象、水文地质、噪声、交通状况。

02 **项目概况**
- 总体规划介绍、项目定位、基本经济技术指标、景观建设周期。

03 **设计依据及基础资料**
- 基础资料包括规划设计图纸、现状地形图、设计范围详见总平面图,其他必要的资料。

04 **开发理念**
- 景观与营销概念设想、开发建设分期。

05 **设计原则**
- 创新与特色原则
  一方面方案设计中好的创意需通过具体的手段实现,另一方面在小品细部和材料设备的选用方面也需应用创新与特色的原则。
- 经济性原则
  扩初设计阶段需在保证使用功能和效果的前提下,对材料的选择进行多种方案的比较,严格控制合理的造价,符合工程限额要求。
- 结合项目定位
  景观设计综合考虑景观与建筑立面的协调、统一,结合建筑形态进行景观设计,通过茂密丰富的园林景观弱化高容积率抗性。
- 实用性原则

06 **设计要求**
- 主题提炼
  设计提炼出一个鲜明的具有文化内涵的推广主题(例如:德国黑森林、莱茵溪谷等)。这个主题应与营销要求相配合,并赋予其深厚的文化内容,同时突出自然环境与居住环境良好结合、与主体建筑风格相协调。
- 避免噪声
  外部噪声问题在一定程度上形成项目的购买抗性。可以考虑利用绿化造坡等手法,合理有效利用基地与场外的高差,人为堆高地形,利用比较厚重的林带及植物群落形成天然屏障。
- 外部景观
  充分利用地块内现有的原生植物,处理好外部绿化、组团绿化、道路绿化、公共绿化及城市道路绿化带的关系。
- 河岸景观
  沿河岸的景观,可以考虑以软景生态植物群落改善视觉效果,重点节点考虑特色景

开发阶段: 　　　　　　　　　　　　年　月　日——　年　月　日

总结与提升:

观树加植物群落。或者考虑软景结合部分木质品，如景观亲水木平台、木栈道、特色景观石局部造景、水生植物等。
- ◆ 内外地形高差
  合理有效利用基地与场外的高差，进行丰富的竖向设计。
- ◆ 水景设置
  考虑在小区内设置水景、水系，但面积不宜过大，采用硬地浅水手法。
- ◆ 景观节点
  考虑设置一些面积小、空间丰富、景观宜人的景观环境节点（景观小品），但硬质景观的设计不宜超过景观总面积的7%，结合总体设计风格考虑标识系统的设计。

07 景观设计与建筑设计融合

- ◆ 景观设计需密切配合建筑设计，一是有利于环境、交通、会所等设计，达到最佳效果；二是便于功能与标高的整体解决，减少设计上不必要的冲突与反复。

08 充满一步一景的回家路线

- ◆ 公共空间、半公共空间、半私密空间、私密空间，这四个级别代表了住区内不同功能、尺度、形态和类型的室外空间，将它们进行适当聚集和有机整合的纽带就是居住其中的人的行为与活动，而回家是居民每天发生的必要性活动，因此回家的路线成为这四种空间最基本的串接形式。
- ◆ 开车回家的线路可被提炼为：城市道路——住区入口——区内公共道路——组团地下车库入口——单元地下室入口。
- ◆ 步行回家的线路为：城市道路——（商业设施）——住区入口——区内公共道路的人行道——组团人行入口——组团公共空间——院落空间——单元入口。
- ◆ 同时关注开车回家与步行回家两种路线。
  开车回家的路线设计重点通过视觉印象的接收、强化，最后形成记忆，沿途的景观注重序列感和整体感等视觉效果。步行回家的路线除了通过式的视觉记忆之外，沿途看到、听到的人和事，亲身参与的活动都将共同组成美好生动的场景，在人与住区之间建立深厚的感情联系。
- ◆ 高质量的沿途景观
  对沿回家路线的景观进行重点设计，营造欢迎和接纳的视觉印象，让居住者有从外部城市环境中转入住区环境的对比与过渡，形成"回家"的心理暗示，住区入口体现住区的景观主题（如地中海风格、东南亚、中式），具有标志性；区内主干道设两侧人行道，利用行道树形成视觉上的连续，每个组团都有一个清晰的主入口，植物、水景结合组团标识形成视觉焦点。
- ◆ 沿途布置富有变化和活力的室外空间
  将商业步行街布置在公交站点与住区的主要出入口之间，有意将进入组团的人流进行引导，先经过组团公共空间而后进入各个庭院。尽可能在步行回家线路的沿途将四种室外空间进行公共——半公共——半私密——私密的过渡布置、组合，有意创造人们相遇、停留、交谈、互相观看的交往机会，令居民体会层层递进的回家感受，自然而然地融入住区的氛围之中。
- ◆ 通过记忆点提高识别和归属感
  如重要节点处的景观设计和标识设计；如小区入口和组团入口或道转折处的对景，

开发阶段: 　　　　　　　　　　年　月　日——　年　月　日

总结与提升：

也可以是在某一特定地点经常发生的活动，如在组团公共空间某个区域经常聚集的老人或孩子活动的场景。利用这些断续出现的符号和场景增强居民对住区环境的感知、记忆和认同。

- 凝聚感情的公共活动空间——活力

  住区的公共设施和商业设施，一方面为居民提供日常的生活服务，另一方面则是所有居民聚会和交往的场所。正如同那些古老小镇上围绕广场排布的教堂或祠堂、表演场所、商店，是一个区域内的核心，人们在此处邂逅、交谈、观看别人，最初为满足日常所需而发生的必要性活动逐渐融入越来越多的自发性活动，并连锁引发一系列极有吸引力的社会性活动。人群的光临、多彩的活动和事件以及迸发出来的灵感与激情共同构成了这些公共空间最重要的质量之一。

09　入口及会所样板区景观设计

- 要求社区入口形象的设计，应体现项目的品质感。

  入口处考虑人车分流，可考虑入口处门岗与人行入口合——采用大堂式，避免干道停车对于社区品质的影响及增加物业管理成本。

- 加强营销体验的样板区景观

  样板区景观设计是将来销售中心的外部环境，包括销售参观流线设计，作为小区整体景观设计布置内容来整体考虑，与整体景观风格保持一致，但作为营销用途，则应加强样板区在会所及样板区销售时的气氛营造，适当考虑室外景观软装饰的运用，如遮阳伞、活动花箱等室外家具的使用、设计及摆放，会所及样板区销售时的标识系统设计、鲜艳花卉及绿化植物的摆放设计等。

10　公共区域景观设计

- 合理利用地形及空间组织

  充分利用地形及建筑围合划分和组织空间，满足社区环境在安全、方便、舒适、公共性和私密性等方面的要求，形成多层次的空间形式，如疏林加缓坡形成开阔的疏林草坪景观，隆起的山丘和小道形成幽静的山野景观；蜿蜒的溪流和山石形成自然水景，等等，同时设计中应考虑合理利用景观遮挡或弱化环境中的设施设备。

- 强化尽端与转弯处设计

  在道路的尽端或转弯处注意公共部位端景的设计，利用植物造景的设计手法处理端景，使之层次丰富、色彩丰富。

- 不同层级的活动场所设置

  设置不同功能性质休憩场所，以满足不同年龄层次人休闲和活动的要求，例如儿童及老人活动场所。

- 巧妙遮挡地上构筑物

  在进行景观设计时，尽量将人防出口、检查井、通风井、地下车库出入口等突出地面的构筑物合理利用、巧妙装饰，以化解对整体环境的影响。

11　组团景观设计

- 整体要求：景观空间以公共绿地为核心，将分布在区内的组团连为一体，每个组团在整体风格统一的同时又各具特点，也使得组团内的小公共绿地真正成为组团业主共享的半私密空间。在住宅区间形成交流感及互动性更强的景观带绿化系统，实现

开发阶段: 　　　　　　　　年　月　日——　　年　月　日

总结与提升:

均好性。
- 公共空间与组团空间的过渡
  景观开放空间有度、变化丰富，同时保证与外部公共空间的景观连续性，要处理好公共绿地与组团绿地的关系、景观差异性与统一的关系。
- 组团设计主题
  组团设计充分结合楼盘特点，紧扣景观及营销主题。
- 大堂入口处精细化设计
  住宅入口大堂周边景观设计应适当精细化处理，或在适当位置设置休闲座椅等。

12 道路街景设计
- 要求对各街道景观进行详细的设计，建议各区域结合地形及建筑风格设计应有各自的特色。
- 关注人行视线的景观设计
  由车行交通形成的外环线及由人行交通形成的内环线是完全公共的景观区域，应着重分析人的行为和视线，营造主要的景观亮点，精心打造楼盘的品质感。
- 步道系统对于人行的适用性
  社区内步道系统的设计要充分考虑行人的舒适要求、视觉要求等，处理好园路与建筑、植被、设施、座椅等之间的关系。

13 私人区域的景观设计
- 要求对私家花园的围界及围界门形式进行设计，隔断及周围植物配置后需满足私家花园的私密性。
- 要求结合道路两边环境景观的效果对人行入户道路、信报箱、入户门牌进行设计。
- 通过垂直绿化、盆栽绿化等各种植物的搭配，使建筑和景观融为一体。

14 体验区景观设计原则
- 景观风格与售楼处、项目整体风格相协调
  景观方案风格与售楼处的风格相吻合或互补，与项目整体特征吻合，体现景观概念价值，提升售场品质。
- 参观动线的合理组织及重点景观的效果展示
- 充分考虑营销需求及展示效果
  合理组织景观序列、浏览节奏以及场地内的各种景观元素，有效管理视线。
- 确定景观要素尺度、材质、色彩
  景观要素应尺度合理，材质、色彩等主要特征与项目整体吻合，确定软景效果及基调树种，骨干树种应考虑种植细节。
- 与建筑及其他专业协调统一
  应与建筑师及各专业工程师协调平立面、结构、管网、照明、水循环等相互关系。
- 样板房内主要功能间室外景观
  主要功能房间（主卧室、客厅）景观为重要设计点。
- 导示系统、家具与整体风格呼应
  景观中的导示系统、景观家具（灯具、导示、休闲凳、垃圾筒、背景音乐等）及小品效果应与项目风格有呼应。

开发阶段: 　　　　　　　　　　　　年　月　日——　年　月　日

总结与提升:

- 示范区绿化一步到位，避免浪费

  墙外绿化和样板区绿化要一步到位，既有利于楼盘包装，又可减少二次浪费。

15 通用要求

- 材质、色彩、细部与当地气候结合

  材料选择、色彩搭配以及细部处理都应根据当地气候重点考虑，要求进行植物配置时结合当地特定的气候特征，充分考虑树荫。

- 私人区域的私密性

  私家花园的范围划分应在景观设计过程中结合景观，考虑内外观赏效果和私密性。

- 平衡植物的近期及远期效果

  植物设计充分考虑时间的影响，兼顾近期和长期的景观效果，注意植物种类的合理搭配，包括花期、颜色、气味等，使四季都有理想的景观效果。

- 常用及易活的植物表

  配置植物时参考常用的和宜成活的植物表，考虑植物的成活率和易采购性，水边尽量少设计或不设计落叶植物，植物布置图宜高、中、低分层表示，以便清楚植物的空间效果。

- 景观照明艺术化

  景观照明考虑艺术化，可与室外小品设计风格统一，形成社区特有的设计符号。

- 背景音乐

  背景音乐应烘托活动场地气氛，特色园径考虑加入背景音乐，营造轻松浪漫的散步空间。

此部分改进与提高之处：

开发阶段: 　　　　　　　　　　　　　年　月　日——　年　月　日

总结与提升:

6.2.4 项目景观设计工作内容及目标

01 服务范围
- 项目全部用地范围内的整体景观范围及样板区景观范围。

02 服务内容及目标
- 服务内容包括现场踏勘及项目研讨会、景观概念设计及汇报、景观方案设计及汇报、景观初步设计及交底、景观施工图审查、施工现场点评及设计效果全程把控、项目总结。

03 基地踏勘及项目研讨会（3~5天）
- 设计院按计划赴基地进行基地踏勘和分析，随后与甲方项目相关人员启动项目研讨会议，明确开发商对于项目的市场定位，与甲方探讨项目的机遇与限制，并通过现场图示方式对项目的建筑整体规划、空间关系及不同用地之间的关系进行评估并提出建议。
- 目标：评估总图，适时地为建筑规划布局提出建设和意见，确保有一个良好的景观空间，确定景观设计方向、设计原则、风格定位等基本策略，避免设计思路发生偏差。

04 景观概念设计阶段（20~30天）
- 在第一阶段基本达成共识的基础上，设计院进行景观概念设计。在此阶段设计院应提出2~3个概念性的草图及相关意向图，并与甲方讨论选择将其中一个制作成此阶段成果。
- 目标：确定景观主题、空间体系、景观序列、景观特征要素及景观亮点，进行场地平面布局、竖向关系组织、交通组织及视线组织；确定软景造景原则及手法，形成下一阶段设计的依据。

05 样板区景观方案设计（15~20天）
- 在概念设计阶段确认的原则下，乙方进行样板区景观方案设计。此阶段乙方应充分考虑营销需求及展示效果，合理组织景观序列、游览节奏以及场地内各种景观元素，讨论并确定景观要素的尺度、材质、色彩等主要特征，确定软景效果及基调树种、骨干树种。
- 目标：营造最能体现景观概念价值的样板环境，提升售场品质。
- 要求在出正式方案前提供不少于2个方案供比较选择，经讨论确定后出正式文本。

06 样板区景观初步设计（25~35天）
- 在景观样板区方案设计确定后，进行景观初步设计。此阶段需与建筑师及各专业工程师协调平立面、结构、管网、照明、水循环等问题及其相互关系，完成景观扩初图纸。
- 目标：确定场地平面尺寸及座标关系、竖向标高及排水关系、材质铺设及材料样板、初步种植定位及物种规模数量、小品及景观构筑物详图等与效果相关的全部技术参数以及景观家具（灯具、标识、休闲凳、垃圾筒、背景音乐等）布点和选型原则。

开发阶段: 　　　　　　　年　月　日——　年　月　日

总结与提升:

07 景观方案设计阶段（25～35天）
- 在概念设计阶段确认的原则下，设计院进行整体景观方案设计。本阶段设计院应与甲方共同讨论并确定各种景观空间（开放空间、半公共空间、私密空间等）内的平面布局，景观元素组织，竖向关系梳理，场地景观亮点形式（喷泉、水景、雕塑），软景布局的空间关系，软景效果意向及基调树种骨干树种。
- 目标：完成景观空间的特征塑造，表达概念阶段确定的设计思想；限定景观要素的尺度、材质、色彩等清晰表达设计效果，使整个小区得以呈现一致的景观风格，并以指导下一阶段设计；提供工程量计算供甲方进行成本核算。要求在出正式方案前提供不少于2个方案供比较选择，经讨论确定后出正式文本。

08 景观初步设计阶段（45～60天）
- 设计院在景观方案通过审查后，进行景观初步设计。此阶段设计院需与建筑师协调有关平面、立面资料，根据最新建筑及工程相关信息，讨论相关的建筑及景观设施元素材料运用，与项目各专业工程师协调有关结构设施、地下管线、户外照明设施、水景循环系统等相关问题，完成景观初步设计图纸，并向下游设计单位交底。
- 目标：确定包括场地总平面控制尺寸及座标关系、竖向标高及排水关系、材质铺设及材料样板、初步种植定位及物种规格数量、小品及景观构筑物详图等与效果相关的全部技术参数以及景观家具（灯具、标识、休闲凳、垃圾筒、背景音乐等）布点和选型；提供工程量计算供甲方进行成本核算。

09 景观施工图配合及审核（5～10天）
- 所有除结构、防水、土木、机电图纸外，均应在扩初阶段完成，并达施工要求，该阶段设计单位将配合下游设计单位进行设计交底。在下游设计单位完成景观施工图初稿后，交由设计院进行审查并提出书面审核意见，指导下游设计单位进行修改，并最终对修改图纸进行书面认可。
- 目标：控制设计意图、设计效果在后期设计过程中不变形。

10 施工现场设计效果全程把控（3～6次）
- 在全程设计施工过程中，设计院需起到总体设计效果的设计把控作用。根据甲乙双方共同选择的不同关键点进行效果检查，并提出修改意见。
- 目标：在施工过程中及时发现问题，确保设计意图完全实施，设计效果总体把控。

11 设计总结
- 在项目交付使用后3个月内，设计方与开发商一起对项目效果进行审视，并回顾设计全过程之得失，形成书面结论。
- 目标：总结过程之得失，并提出改进提高的思路，为长期合作奠定基础。

12 景观造价控制要求
- 龙湖、绿城等地产因社区景观设计及实景效果而备受客户青睐，以上内容要点为上述品牌公司的景观设计原则及要求。

开发阶段：　　　　　　　　　　年　月　日——　年　月　日

总结与提升：

6.2.5 项目景观设计效果提升及成本控制要点

01 关注客户敏感点
- 景观设计的重要根据就是客户的眼睛,客户重点关注的点,即是景观设计的敏感点,如主入口、景观主轴线、组团公共景观、单元门入口处景观。

02 关注外围环境的不利影响
- 关注市政道路景观及周边市政景观对项目的不利影响,应予以补充和优化。

03 实现景观均好性
- 尽可能实现组团景观均好
尽可能实现景观的均好性,通过景观来弥补各个户型单位之间的价值差异。各组团之间的景观均好,比集中的大广场更有效果。
- 增加楼间的庭院绿地
因为人们更喜欢在楼根下或树荫下玩乐,更喜欢庭院绿地。

04 控制软硬景的比例
- 景观设计中尽量不做或少做大理石石柱、石球、石台等,因为它摸不得(有落尘)、爬不得、扒不得(很危险)。

05 关于植物
- 管理乔木和大灌木占总成本的比例。
- 取消"行道树"概念,改以植物群落布置。
- 提前选苗。
移植到苗场进行假植,比直接选用假植苗成本低,同时还可以保证种植效果。
- 充分利用地块原生植物。
地块原生的植物尽量充分利用起来,降低植物成本,还体现可持续发展的理念。
- 选择易维护的植物、多种树、少植草。
树木的绿化作用和养护成本都是草坪所无法比的。
- 农村买树。
相对于中小企业,绿化用树可在农村住户或山上寻找购买树型好的、有观赏价值的成品树,相对省钱。
- 古树保留。
除非与规划的建筑物相冲突,否则一定要保留原土地上的大树,特别是古树。第一,古树不花钱;第二,古树不是花钱就能买来的;第三,能提高社区品位、增加卖点;第四,能落个保护环境的好名声。
- 果园果树。
在大城市,与其全种观赏树,不如辟出一块地种果树,更有田园风光,也有教育价值。
- 绿化养护。
绿化外包时,要按照成活率支付费用:既能提高成活率,又能降低费用。
- 五重绿化。

开发阶段：　　　　　　　　　　　　　　　年　月　日——　　年　月　日

总结与提升：

学学龙湖，绿化面积很小很小，但是有层次，五重景观绿化，草坪、低灌木、高灌木、低乔木、高乔木，高低有序，既有层次，又显自然。

06 控制挡墙面积及做法，少做挡墙，多做自然坡地

07 关于水景
- 考虑到水景的维护成本较高，不做大面积水景，适当减少水景面积。
特别是在北方地区，水景适宜设计小面积，以保障枯水期及寒冷天气的景观效果。
- 做小水景，有水景观就有了灵气。
通过临水广场、亲水平台、栈道、戏水溪涧等设置，体现与水景的互动和参与。
- 水体多布点状壁泉、点状涌泉或溪流。
- 水岸护坡。
社区的水岸景观，最好采用自然坡，不采用硬而高的岸堤，既不临水、亲水，又不安全。
- 浅水造景。
水池尽量要浅，减少维护成本，提高安全性。

08 私家花园提高价值
- "私家"庭院：一、二楼设计"私家"庭院，分别入户，类似别墅生活，既好卖，又能提高销售价格。

09 园区构筑物和小品
- 健身小品：考究的秋千、单杠、木马等参与性好的健身器材，胜过拙劣的假山、雕塑或小品。

10 在空间上，进行丰富的地势高差处理
- 通过地势及植物的高低错落，形成丰富的视觉变化。而且建设成本比景墙、地被、构造物低。

11 在景观设计中，注重道路的标高，以利于自然排水

12 景观小路
- 学习龙湖的小路，减小人行道宽度，弯而窄的人行道更具美感。采用红砖铺装，让草自然地向人行道延伸，更具品位，人行道不要安砌路边石，既美观，又省钱。

13 就近、就地选材
- 园林景观的树种、石材等部品，尽量做到提前选择、就地取材，以达到控制成本的要求。

14 设计中水收集系统
- 采用绿地灌溉与中水系统相结合的方式，节约能源。

开发阶段：　　　　　　　　　　　　年　月　日——　　年　月　日

总结与提升：

15 **关注楼板荷载和排水**
- 关注楼板上园林景观的荷载问题，不适宜做大型的景观、树种。
- 关注楼板上园林景观的排水问题，避免积水无法排出，影响苗木的成活。

16 **梳理成本清单**
- 通过成本清单分项报价、硬景材料的种类和厚度的控制、地被的使用量控制园林工程造价。

景观效果与实施好坏有直接的关系，成本控制与专业水平、实践经验紧密相连，如需更多的要点提示和专家服务，请登录 www.xlhgw.com 免费咨询。

此部分改进与提高之处：

开发阶段: 　　　　　　　　　　　　年　月　日——　　年　月　日

总结与提升:

6.3 项目智能化设计流程标准化

6.3.1 智能化系统设计误解

01 智能化是交房前最后阶段的工作。
- 智能化系统往往在交房前才开始做智能化设计工作,造成工程开挖管线、工程施工交叉等不利影响,造成工期延后、交房时管线混乱等问题。

02 智能化设计在需要的时候单独设计。
- 智能化系统设计应考虑在项目建筑设计任务书中即提出明确要求,由方案设计单位统一考虑,同时在前期整合智能化设计单位资源,深化智能化系统方案,与方案设计单位交叉并行,完成施工图纸。

03 智能化系统就是简单的安防系统。
- 智能化系统只是简单的理解为设个可视对讲,做围墙报警,安装电话线、网线,发个门卡等。而智能化系统应该理解为通过这些系统功能的设置,达到服务业主的要求。评估真正实用的功能及安装使用特点,做到好安装、方便用。

04 智能化系统设计由设计部确定。
- 智能化系统设计时,除整合专业公司以外,还应由物业公司参与确定,可有效控制设备的选型、布点、使用功能及日常维护。

6.3.2 项目智能化系统构架

安全防范系统	对讲子系统
	周界防越及报警联动子系统
	闭路电视监控子系统
	门禁管理子系统
	停车场管理子系统
	电子巡更子系统
	室内安防子系统
信息通信网络系统	电话子系统
	有线电视子系统
	信息网络子系统
	公共信息显示子系统

开发阶段: 　　　　　　　　　　　年　月　日——　　年　月　日

总结与提升:

物业管理与监控系统	设备监控子系统
	背景音乐与紧急广播子系统
	物业管理子系统
基础设施与技术	电源与接地子系统
	中控室机房子系统
	通用布线子系统

安防系统

01 对讲子系统

◆ 功能配置

分类	主要功能
对讲	应设置联网型语音对讲系统，具有双向对讲功能
呼叫	应具有访客与楼内住户、楼内住户与监控中心、访客与监控中心双向呼叫功能
开门	住户可遥控设置对讲门口机的出入通道门开启
电源	应设有后备电源、电源容量按市政停电后可靠供电 2～3 小时设置

◆ 与建筑设计结合
  ★ 门上安装时，需结合门的开启方向，一般宜设置在门的固定扇上。
  ★ 门旁墙装时，需结合门的开启方向，一般宜设置在门的开启方向对侧。
  ★ 门口机露天安装时，需为门口机配备遮雨篷。
  ★ 室内机安装位置宜考虑室内装修，避免室内装修时移机。
  ★ 室内机安装时，安装位置宜避开结构柱及承重墙。

02 周界防越及报警联动子系统

◆ 功能配置

分类	主要功能
防跃监控	居住区周界及封闭组团周界应安装主动红外对射探测器及周界照明设施
报警联动	★ 当发生非法闯入时，实时向监控中心报警，显示报警路段和报警时间 ★ 每对主动红外对射探测器应能独立将报警信息传回监控中心，同时启动相关连锁摄像机、录像机 ★ 系统具有防破坏功能，当探测器或前端设备被拆除或线路被切断时，发出报警信号 ★ 设置与探测器联动的声光等警告信号发生装置，警告非法侵入者
信息	系统自动保存报警信息

开发阶段　　　　　　　　　　　　　　　年　月　日——　年　月　日

总结与提升：

- 与景观设计结合
  - ★ 监控区域围栏设置需考虑主动红外探测器特点,尽量减少围栏在高度上的高低起伏;尽量保证围栏在水平走向上平直,减少围栏拐弯。
  - ★ 主动红外探测器一般安装在围栏上,景观设计时应尽量减少在围栏 2m 内种植,景观树木宜低于围栏高度,避免红外探测器的红外光路被阻断引起误报。
  - ★ 电动式振动探测器,安装位置应远离振动源(如室外树木、栏网桩柱等),室外一般应与振动源保持 2m 以上距离。

03 闭路电视监控子系统

- 功能配置

分类	主要功能
视频监控	应在居住区的主要出入口、主要道路、收费停车场、设置周界防越装置的区域、电梯轿厢内等位置安装监控用黑白摄像机
录像	应采用硬盘录像设备对监控部位进行监视和动态录像,录像保存时间不少于 15 天
终端控制	中控室内屏幕显示,画面显示可任意编程,可自动或手动切换,画面上可显示摄像机的编号、部位、时间、日期等

- 与景观设计结合

监控摄像机,避免监控区域内有遮拦(植物、建筑等)。

04 门禁管理子系统

- 功能配置

分类	主要功能
门控	在封闭组团入口及高层住宅单元入口应安装门禁控制设备,对设防区域、通行对象、通行时间等进行控制
识别	采用非接触式 IC 卡识别系统;不得采用 ID 卡,应采用 MFI 等逻辑加密卡
终端控制	门禁系统与消防系统联动,消防紧急报警时自动打开所有门禁通道的门锁
电源	后备电源容量按市政停电后可靠供电 2~3 小时设置
一卡通	门禁管理与停车场管理、物业收费、会所收费等实现一卡通

开发阶段:　　　　　　　　　　　　年　月　日——　年　月　日

总结与提升:

05 停车场管理子系统

◆ 功能配置

分类	主要功能
进出管理	★ 应在居住区内车辆出入口设置联网式 IC 卡停车场管理系统，对车辆进行管理 ★ 自动道闸具有防砸车、脱机运行和停电手动控制等功能 ★ 车辆检测器可检测有无车辆经过，采集车辆信息
识别	对进出小区车辆摄像，人工通过图像对比识别车辆外观照片
信息	记录车辆进出小区及存放的时间，查询、打印进出小区车辆存放的历史记录

06 电子巡更子系统

◆ 功能配置

分类	主要功能
通信形式	应在居住区内设置离线式电子巡更系统
信息	根据保安人员的人数和管理要求编制巡更方案，在预先设定的巡查线路中，用巡更器采集更点信息，对巡更人员的巡查线路、状态进行监督和记录

该系统设计时宜结合具体的物业管理模式设置巡更点

07 室内安防子系统

◆ 功能配置

分类	主要功能
红外	★ 应在客厅设置红外/微波双鉴探测器 ★ 应在住宅一、二层带阳/露台的房间及主卧室设置幕帘推测器
紧急报警	在客厅、主卧室设置紧急求助报警按钮，住户可向安防监控中心直接报警
燃气火灾	厨房应设置可燃气体报警探测器，发生燃气泄漏时自动关断气源，并发送报警信号
报警信息	家居报警时应自动接通安防监控中心设定的报警主机（电话），监控中心在电子地图上准确显示报警的地点，并显示报警住户联系电话等基本信息，发生警情时将报警信息传至监控中心，中心可根据情况迅速出警和处理突发事件
家庭控制器	★ 应设置家庭报警控制器，并与居住区监控中心联网；住户可在户内实行布防、撤防监控，并将撤布防信息传到居住区监控中心 ★ 防盗报警控制器与中心报警控制主机应通过专线或其他方式联网，不得与对讲装置共用通信线路

◆ 与精装修相结合

红外探测器，应避开空调位，宜在空调位对侧安装。

开发阶段: 　　　　　　　　　　　　年　月　日——　年　月　日

总结与提升:

信息通信网络系统

01 电话子系统

◆ 功能配置

分类	主要功能
入户线	应预埋两条电话通信线路到住宅套内
布设	在客厅、主卧室设置电话终端出线口

◆ 与建筑设计结合

★ 客厅内电话插座宜与有线电视插口对侧安装。
★ 卧室、老人房内电话插座宜在床头方向安装。
★ 卫生间电话插座内宜在马桶后侧上方安装。

02 有线电视子系统

◆ 功能配置

分类	主要功能
入户线	应预埋有线电视系统的线路到住宅套内，应满足有线电视网的要求
布设	在客厅、主卧室设置终端插座

03 信息网络子系统

◆ 功能配置

分类	主要功能
网络	★ 应提供数据宽带接入服务 ★ 宽带接入网的网络类型可采用下列类型或其组合：FTTX、HFC 合 XDSL 或其他类型的数据网络 ★ 宽带接入网应提供管理系统，支持开户、销户、暂停、流量时间统计、访问记录、流量控制等管理功能 ★ 宽带接入网应提供安全的网络保障 ★ 宽带接入网宜提供本地计费或远端拨号用户认证的计费功能
布设	在客厅、主卧室设置终端插座

04 公共信息显示子系统

◆ 功能配置

分类	主要功能
信息显示	★ 在小区的显著位置设置公共信息显示器，由小区安防监控中心统一管理和控制 ★ 在单元电梯前室设置 LCD 显示屏，由小区安防监控中心统一管理和控制 ★ 与智能化集成管理系统联网，实现对该子系统的集中管理和控制

开发阶段: 　　　　　　　　　　　　　年　月　日——　　年　月　日

总结与提升:

物业管理与监控系统

01　设备监控子系统
◆ 功能配置表

分类	主要功能
公共照明设备	居住区室外公共区域照明应采用定时开关控制，楼梯间照明应采用节能感应开关控制
变配电设备	★ 变配电间设备状态显示、故障报警 ★ 单体建筑总配电箱运行状态监视及故障报警 ★ 高低压主开关运行状态监视及故障报警 ★ 主供电回路运行参数监视 ★ 变压器故障报警
电梯设备	★ 应设置电梯故障报警、求救信号指示或语音对讲，报警信号应回报监控中心 ★ 运行状态显示，启停控制 ★ IC卡楼层控制
给水排水设备	★ 给水排水设备故障报警；蓄水池（含消防水池）、污水池的超高低水位报警；饮用蓄水池过滤、杀菌设备的故障报警 ★ 给水泵的启停控制、运行状态显示、故障报警、台数控制、水流状态显示 ★ 饮用蓄水池过滤、杀菌设备监测 ★ 对园林绿化浇灌设备自动控制
冷热源设备	★ 对居住区集中供冷/热源设备的运行状态监视及故障报警 ★ 蒸汽、冷/热水的温度、流量、压力监视及能量累积量 ★ 对冷/热源设备与水泵进行节能方式的台数控制、供水温度与压力的自动控制
计量	★ 应按所在地电力、自来水、燃气、热力职能部门要求设置自动抄表装置 ★ 采用IC卡抄表终端 ★ 抄表终端数据可远传到供电、水、气、热相应的职能部门 ★ 住户可通过居住区内部宽带网或Internet等查看表及数据或网上支付费用

02　背景音乐与紧急广播子系统

分类	主要功能
背景音乐及广播	★ 在小区广场、室外草坪、中心花园等位置安装有线广播装置，定时播放背景音乐、物业管理通知；发生突出事件时可强制切入紧急广播 ★ 在电梯前室、电梯轿厢及各楼层走道等位置安装有线广播装置，定时播放背景音乐、物业管理通知；发生突发事件时可强制切入紧急广播 ★ 在会所、地下车库等位置安装有线广播装置，定时播放背景音乐、物业管理通知；发生突发事件时可强制切入紧急广播 ★ 背景音乐具备分区播放功能 ★ 背景音乐广播与小区景观设施系统联动

◆ 与景观设计结合

室外扬声器，避免播放背景音乐时对底层业主造成噪声影响。

开发阶段：　　　　　　　　　　　　　　年　月　日——　　年　月　日

总结与提升：

03 物业管理子系统

◆ 功能配置

分类	主要功能
网络	★ 配置实用可靠的物业管理软件，实现小区物业管理计算机化 ★ 配备可靠的计算机硬件设备 ★ 居住区内建议 Internet 网站，住户可查询物业管理信息 ★ 居住区内安全防范子系统，电、水、气、热等表具的自动抄表系统、车辆管理系统、设备监控系统与居住区物业管理计算机系统联网或实现系统集成 ★ 居住区内采用智能卡技术辅助物业管理

基础设施与技术

01 电源与接地子系统

◆ 功能配置

分类	主要功能
电源	★ 监控中心采用双路独立电源供电、末端自动切换 ★ 中心机房设置专用配电箱，各子系统电源独立控制 ★ 安全防范系统应由安防监控中心集中供电，对离安防监控中心较远的摄像机，也可就近供电，但宜与安防监控中心的电源为同相的可靠电源，并由安防监控中心操作通断
接地与防雷	★ 对讲、周界防越与报警联动、闭路电视监控、门禁管理、背景音乐与紧急广播、停车场管理、公共信息显示等安装在室外的设备必须作可靠的接地防雷处理，由室外引入安防监控中心机房的线缆须加装防雷保护器等设施，供电电源应采用 3 级以上防雷措施 ★ 采用局部等电位联强，通过接地干线引接建筑物联合接地网的接地方式

02 中控室机房子系统

◆ 功能配置

分类	主要功能
机房	★ 中控室机房不宜设在地下室，应与物业管理中心临近；独立机房面积不小于 40m^2，如与消防控制室合用，面积不小于 50m^2 ★ 留有与接处警中心联网的接口 ★ 配置可靠的通信工具，发生警情时能及时向接处警中心报警 ★ 监控中心应设屏幕显示电视墙、控制操作台等 ★ 机房根据使用需要分割成多个独立功能区，包括：消防气瓶室、UPS 电池室、计算机网络设备区、安防监控区、值班工作区、准备区等 ★ 设置机房安全防护装置，配置门禁、视频监控和防盗报警设备 ★ 对于机房内设有空调系统或供暖系统，在空调机四周、暖气四周、先管沿线等处敷设水传感系统。 ★ 采用气体灭火系统或设备 ★ 地面采用防静电材料（其中防静电地板的安装高度不低于 20cm），吊顶后机房净高满足设备安装的要求 ★ 对供配电、UPS、空调、漏水检测、防雷、视频监控、门禁等系统进行综合监控，将各种监控功能集中到统一的计算机界面上

开发阶段: 　　　　　　　　　年　月　日——　年　月　日

总结与提升:

03 通用布线子系统

◆ 功能配置

分类	主要功能
布线	★ 居住区内各弱电系统的管线应统一规划设计，与界外系统的连接应设置枢纽交接间 ★ 设计时应尽量避免电缆的交叉 ★ 每栋单元楼设置设备交接箱，交接箱安装有专用的电源和接地装置 ★ 每栋单元楼设置独立的垂直布线主干通道，根据建筑结构体系及管线类别、数量等统筹安排，与电气管线保持安全距离

◆ 与建筑设计结合

管线，各种管井的设置应便于弱电管线的维护和更换。

因篇幅有限，此部分为智能化要点精简介绍，更多的智能化升级要点提示和专家服务，请登录 www.xlhgw.com 免费咨询。

此部分改进与提高之处：

开发阶段: 　　　　　　　　　　年　月　日——　　年　月　日

总结与提升：

6.4 项目部品选择流程标准化

6.4.1 部品选择认知误区

01 部品等施工用到的时候确定。
- 开发商往往认为部品等施工用到的时候再确定也不迟。实际上,在完成传统的建筑报建方案设计的同时,并行开展模型推敲和结构、设备的初步方案设计。
- 材料清单应当标准化,在方案深化阶段及时提交设计公司,与方案同步完善,可减少自身工作量,且使设计方案更加明确。
- 在项目施工图完成后就同时完成了部品材料定板封样工作,包括材料的名称、型号、使用部位、厂家、施工工艺等。

02 部品由采购部选择确定。
- 传统的开发商,部品选择往往由采购部负责。实际上,首先由市场、营销、成本、设计等相关部门确定部品的标准,然后由设计部、设计师全程掌控效果的实现。采购部作为直接的部品购买实施部门,需要和其他部门协调、配合,以保证部品供应。
- 材料清单初稿阶段采购部、成本部提前介入,可提高对于后续结果的可控性及缩短操作周期。

03 部品选择的细节决定成败。
- 部品的选择在开发过程中,属于细节的部分,而不属于决定成败的系统。系统正确,细节就显得更为锦上添花。细节决定品质,而不是成败。

6.4.2 房地产关键部品分类

项目的材料部品可以分为建筑类和景观类两大类

- 建筑类部品:除建筑主体土建结构之外的各种配件,如饰面、阳台栏杆、卫生间洁具等。包括建筑主体外装、建筑内装、样板间装修、商业包装、灯具清单等。
- 景观类部品:除土建部分外,所有景观设计中出现的材料、配饰、小品等。包括硬景清单、软景清单、小品清单、灯具清单、设备清单等。

整理材料部品的目的

01 控制效果
- 部品及材料施工样板可以在材料部品施工前期起到良好的效果预控,同时避免大面积返工。

02 控制成本
- 部品清单可以防止漏项,避免大的成本统计缺失。

开发阶段：　　　　　　　　　　　　　　　年　月　日——　　年　月　日

总结与提升：

03 控制施工现场样板质量
- ◆ 根据清单标准对现场到货进行审核。

整理材料部品的时间节点

01 开始时间
- ◆ 方案深化阶段即可要求设计师进行部品清单的整理工作，包括原始材料样板的收集工作。

02 完成时间
- ◆ 施工图完成后，项目的招投标开始前，将确认的建筑主体外装清单提交采购部和成本部。

施工标准样板示范区要求

01 现场搭建实体样板区。
- ◆ 样板区的范围及面积需要在项目施工前进行规划，确定一个面积合适的样板区。

02 样板区的日照条件需要与实际主体建筑一致，否则样板会与真实效果有差别。

03 施工样板必须保证一定的面积。
- ◆ 需要按照设计施工要求实施，且要保证几个不同的受光面下的效果，尽量参照实体建筑的受光方式在样板中实现。

04 涂料的现场施工样板尤其要注重颜色与质感。石材需要关注拼接的处理、勾缝的宽度、勾缝剂颜色、收边的处理等。

此部分改进与提高之处：

开发阶段:　　　　　　　　　　年　月　日——　　年　月　日

总结与提升:

6.5　项目体验区设计流程标准化

6.5.1　体验区认知要点

体验区就是房地产的样品

- 大规模生产之前，样品可以降低开发商的试错成本。
- 样品是开发商进行市场测试的最佳手段，避免大规模风险出现。
- 一线品牌开发商无不极其重视体验区展示效果对营销的贡献，并且重视盲目夸张产生的售后投诉，龙湖、万科开盘即售罄，与之密切相关。

项目体验区设计的认知误区

01　二线品牌的开发商，看时叫好、投入较少
- 还没有认识到体验区的真正价值，不了解体验区代表客户看到的项目品质，所以，学的时候也没有真正掌握其中的精华。

02　三线品牌的开发商，更像建筑商
- 简单地认为只有盖起来房子才是最重要的事情，殊不知，体验区比泥土翻天的工地现场更能打动客户。
- 市场环境好，盖起来就可以卖掉的日子一去不复返了。随着竞争越来越激烈，这样的开发商受到的挑战越来越大。

03　项目到销售时才开始考虑设计体验区
- 大部分开发商认为，体验区是销售时才需要考虑的环节，等到规划、景观方案都确定了以后再设计。
- 实际上，体验区作为开发系统中需要重点考虑的环节，应提前至规划设计阶段就提出明确的《体验区设计任务书》，对于体验区的选址、参观路径、售楼中心、样板房、景观示范区的位置提出要求，与规划设计、景观方案协同思考。

房地产的体验式营销

01　体验式营销包括产品体验、环境体验和服务体验
- 房地产的体验式营销一般是指对消费者形成全程体验。

02　体验式营销的重要营销工具
- 售楼中心、样板房、景观示范区是塑造项目形象的首要场所，是房地产体验式营销最重要的组成部分。

开发阶段:　　　　　　　　　　　　　年　月　日——　年　月　日

总结与提升:

03 感染客户，增强对项目的认同度
- ◆ 客户通过参观售楼中心、样板房、景观示范区，能够提前体验到未来的生活场景。

04 有利于开发商确定合作单位、部品材料
- ◆ 体验区不仅仅是给客户展示的平台，同时，完善体验区是全面展示合作单位的水平、磨合队伍、修正方案潜在不足，防止重大问题发生的最好机会。

6.5.2 体验区选址规划要点

01 确定是否需要临时售楼中心和样板房
- ◆ 根据项目地块、工程进度、销售计划、成本预算决定是否采用临时售楼中心和样板房。

02 确定售楼中心和样板房的位置
- ◆ 根据交通情况、工程进度、销售计划、营销策略等决定售楼中心和样板房的总体位置。

03 考虑售楼中心及样板房以后的利用价值

04 售楼中心是客户来访的第一接触点
- ◆ 应选择显眼及方便的位置，最好是主干道旁边。同时考虑在楼顶或旁边设置指示牌。

05 售楼中心的位置及体验区入口的设置应方便到达
- ◆ 应方便该项目辐射的主要区域客户直接到达，避免因下列因素造成的绕行，影响客户的体验感受：单行道，反方向车辆无法直接到达；沿途交通道路品质低；项目周边公交车、出租车站位置不便，导致参观客户步行时间过长。

06 考虑来访沿线环境对于楼盘的展示影响
- ◆ 对于项目辐射主要区域客户的来访路线，考虑沿线城市景观对楼盘档次的影响。

07 考虑来访沿线的广告设置
- ◆ 考虑项目辐射主要区域客户的来访路线沿途路牌广告、交通指示牌的选定初案。

08 考虑外部环境对于项目的展示影响
- ◆ 考虑体验区范围以外的客户接触点的景观等整体效果，针对项目规划红线外市政道路绿化及管理现状以及相邻建筑的影响和干扰制定出良好的改善措施。

09 控制售楼中心和样板房位置对于项目施工的难度增加
- ◆ 控制因售楼中心和样板房的位置造成的施工实施难度及由此产生的成本增加及工程延期。

开发阶段: 　　　　　　　　　年　月　日——　　年　月　日

总结与提升:

10 考虑客户在整个体验区内参观路线的舒适性和韵律感
- 从售楼中心到样板房及其他参观地方的路线布置及安排。针对客户在体验过程中眼、耳、鼻的感官效果进行有预见的、有主题的、有情趣的、有想像的装饰景观实施。项目专员实地感受声音、气味等不利因素对体验区开放的影响。注意客户的安全、舒适、经过道路的感觉。

11 样板房与售楼中心距离不超过400m，否则应配备电瓶车等交通工具

12 体验区内的客户停车点应靠近售楼中心并相对独立
- 与售楼部距离不超过200m，否则应配备电瓶车等交通工具。

13 体验区内停车位设置
- 应设置不少于20个停车位的专用停车场，并应考虑销售高峰期的临时停车点。

14 售楼中心和样板房的标高设置
- 售楼中心和临时样板房的地坪标高应高于室外地坪道路标高的600～900mm左右。

15 样板房选型原则
- 量大、设计有亮点，通过模型或者户型图难以表达、销售有难度。

16 样板房选址原则
- 主要功能房的景观视线较好，能突出项目卖点并符合项目营销策略；主要功能房与周边建筑无对视、无遮挡；若样板楼无电梯，则样板房所选楼层不宜超过3层。
- 临时样板房的位置摆放应由示范区景观设计师统一进行规划设计。
- 如交楼标准是毛坯房，通常不设交楼标准样板房，如交楼标准为精装房，则建议考虑设计交楼标准样板房，避免销售承诺与交楼标准不一致引起的投诉或纠纷。

6.5.3 售楼中心设计控制要点

01 售楼中心土建工程设计要点
- 售楼中心的外立面与项目建筑风格相匹配。直接表达项目的建筑理念和产品特征。确定售楼中心室内装修风格、装修标准。
- 售楼中心与项目推广主题和调性相吻合。
- 售楼中心内部功能布局与客户动线合理。
售楼中心内部功能布局与客户的参观动线相结合，有利于销售道具的使用。工作人员的动线尽可能隐蔽。
- 售楼中心的休闲空间外延。
售楼中心的休闲空间外延，在室外设置休闲桌椅，可以让客户休息、洽谈的时候，能看到景观示范区，不断强化景观对客户的视觉冲击。
- 玻璃幕墙横向龙骨是否影响到客户向外的视线。

开发阶段:　　　　　　　　　　　　年　月　日——　　年　月　日

总结与提升:

02 必设功能区域

区域	功能	备注
入口门厅、接待咨询台、模型展示区		确定前台接待区的人数、区位、规划、户型模型的数量、尺寸
洽谈区		沙发组合套数、洽谈桌椅套数
财务收银区		要求位置相对安全，可设置收银台前室
签约区	建议有隔断的形式，方便面对面服务，尤其针对网签的形式	签约区是否独立空间、洽谈桌椅套数
置业顾问办公室		
营销经理办公室		
会议室		
储藏室	含置业顾问更衣间	
公用卫生间	尽可能设置儿童专用洗手台，男士小便斗	男女卫生间的蹲位、小便池各2个以上，男女卫生间至少须有一个马桶，带扶杆
保安室		
保洁室	含拖布池，靠近卫生间但独立及保洁储藏室	
水吧区		
投影室		体验区，品牌体验区，影视体验区
工法展示区		
儿童娱乐区		
电话系统	前台2条、签约区1条、财务室2条、置业顾问办公室1条、营销经理办公室1条、吧台区1条、保安室1条	
网线系统	前台2条、签约区3条、财务室2条、置业顾问办公室2条、洽谈区地插2条、保安室1条。网络系统可设计为无线网络系统	
监控系统	售楼处出入口设置监视器一个（位置能兼顾售楼大厅）、财务室收银上方设监控器一个、控制设备设在保安室	
背景音乐	设置背景音乐系统，控制系统设置在吧台	
空调系统	空调系统的主机隐蔽风口，与天花造型吻合	

开发阶段: 　　　　　　　　年　月　日——　年　月　日

总结与提升:

03 售楼中心室内装修控制要点
- 造价控制标准略高于定位，起到提升客户购买欲望的效果。
- 设计师风格筛选、设计师已完成作品考察。
- 与项目的建筑风格、客户定位相吻合。
- 与项目的推广主题和调性相吻合。
- 设置停止检查点以保证实施效果。
通过设置停止检查点以保证装修（装饰）实施成果，并降低纠错成本。所有造型完成但未上面材前，所有面材工作完成后。
- 确定销售道具的位置和尺寸、销控墙的位置和尺寸。
- 员工及辅助空间简装。

04 会所功能设计要点提示
- ★ 酒吧、咖啡厅、西餐厅、西餐厨房、创意厨房
- ★ 雪茄廊、佳酿廊、中餐厅 ★ 卡拉OK室 ★ 阅览室
- ★ 茶艺室（兼阅览室）★ 棋牌室 ★ 台球区 ★ 乒乓球室 ★ 舞蹈室
- ★ 瑜伽室 ★ 健身室 ★ 有氧单车教室 ★ SPA ★ 更衣室
- ★ 多功能厅 ★ 会议室 ★ 羽毛球室 ★ 网吧 ★ 儿童教学玩乐室
- ★ 四点半学校 ★ 艺术美术馆 ★ 儿童乐园或科技馆
- ★ 补充要求 ★ 装修标准 ★ 风格建议、关键词

6.5.4 样板房设计流程标准化

01 样板房的定义
- 样板房是榜样，是居住生活方式的示范。样板房需要展示住宅可以提供的生活方式，但同时必须照顾主人未来的生活需要。

02 样板房土建施工
- 建筑户型分析，是否有优化之处。
如是否有暗卫、空调位布置是否合理，平面、立面关系是否正确等。表现优点、弥补缺点，适当优化平面。
- 样板房的设计引导客户做适当的平面改动。
但不能改动结构及外立面，也不能违反物业管理规定，避免引起客户误解，造成交房装修的管理问题。
- 临时样板房也要按交房结构展示。
如临时样板房展示，应按实际交房时的设计结构进行展示（如梁、柱、管道等）在显著位置进行说明。
- 优化户内标高关系。
户内标高关系是否合理，如阳台、露台、卫生间的降板高度；户内楼梯与门窗的标高关系。
- 优化门窗洞口高度。

开发阶段: 　　　　　　　　　　　　　年　月　日—— 　年　月　日

总结与提升:

- ◆ 门型窗型及其开口方式的建议。
- ◆ 建筑外墙装饰效果建议。
  建筑外墙装饰效果、装饰材料及工艺的建议（含阳台栏杆、外墙面砖、石材、涂料、木作等）。
- ◆ 结构形式优化。
  结构形式是否合理，临时样板房建议采用砖混结构、钢架屋顶的结构。
- ◆ 结构图与建筑图是否一致。
  结构图与建筑图是否一致，结构预留门窗洞口和结构板面标高是否与建筑图一致。
- ◆ 梁柱优化。
  是否有现梁现柱等情况，是否有结构降板影响层高的情况。
- ◆ 设施设备优化。
  空调机位、热水锅炉、强弱电箱、天然气表、水表、燃气探测器、对讲门机、红外报警、紧急按钮等设计是否齐全（按配置标准），以及位置是否合理。
- ◆ 管线合理优化
  - ★ 阳台、露台、空调机位的地漏、排水立管是否设置合理，户内主要房间是否有给水排水明管，是否设置有管井。
  - ★ 冷热水管是否安装到位、预留预埋穿墙沿口是否设置（尤其是结构梁柱部位），尽量走天棚阴角明装（装修时吊顶处理），不得暗埋在墙体或地面内。
  - ★ 卫生间排气口是否设置合理，厨房烟道设置部位及止回阀开口方向是否合理。
- ◆ 样板房户型确定及完成面净空尺寸测算，轴线尺寸 -5cm 抹灰层。

6.5.5　样板房设计控制要点

01　样板房风格与项目风格吻合
- ◆ 样板房设计与该项目的建筑风格、客户定位、消费引导相吻合。

02　与该项目推广主题和调性相吻合

03　设置停止检查点，保障效果
- ◆ 通过设置停止检查点来保证装修、装饰实施成果，并降低纠错成本。所有造型完成但未上面材前、所有面材工作完成后。

04　突出户型亮点，弱化缺点
- ◆ 户型特点分析，亮点展示和缺点弱化，平面布局和立面造型的设计效果应超越客户对户型面积的期望值。

05　控制色彩深浅搭配

06　展示期间户内门的门扇不安装

开发阶段: 　　　　　　　　　　　　　年　月　日——　　年　月　日

总结与提升:

07 衣帽间以开敞式为主

08 公寓楼项目的橱柜可不做吊柜，以增大厨房视线尺度

09 开关和插座
- 临时样板房，室内的所有灯具开关由入口处一组开关控制，保留台灯和空调插座，取消其余插座。
- 现房样板房：所有开关、插座按正常设计。

10 上、下水
- 临时样板房不接上、下水，浴缸、马桶、花洒只做放置安置，现房样板房的浴缸、马桶、花洒等厨卫设备按可使用标准安装。

11 室内装饰
- 每个样板房的装饰策划一个故事和色彩主题，围绕主题进行氛围的营造。

12 室内家具
- 装饰的家具及装饰品风格应与硬装设计及项目类型相符，并控制好品质、造型。
- 家具尺度的控制，应匹配室内空间尺度，并体现室内空间宽敞，家具的数量控制合理。
- 家具的制作过程中质量检查至少一次。
- 尽量避免样板房内的固定家具由装修施工单位制作，应由家具厂制作或购买成品。

13 室内吊灯
- 室内主要吊灯应控制尺度。

14 室内布艺
- 布艺的使用应重点考虑关联性。

15 特色空间的打造
- 庭院、阳台及灰空间重点挖掘功能和设计。

16 样板房与目标客户喜好相吻合
- 在设计样板房之前，需要仔细研究市场报告，判断业主的身份、年龄、家庭结构、喜好等，然后有针对性地做设计。
- 例如：一个四口之家，喜欢烹饪的女主人希望拥有一个开阔且功能配置全面的厨房，爱好品酒的男主人希望拥有一间酒窖，喜欢自制DIY的女儿希望拥有一个自己的工作室，调皮儿子的最爱是足球。

17 样板房直接引导客户产生购买欲望
- 样板房需要展示户型的各个功能，直接引导客户产生购买的欲望，其专门的户型设

总结与提升：

◆ 计及空间布局可供业主参考。

18 样板房应给人一个真正的"家"的感觉
◆ 样板房不是简单的展示单位，样板房要营造一个真实的居家环境。各个房间布置、摆设，各局部的细节处理，都应给人一种舒舒服服住下来的感觉。例如，万科、龙湖等企业示例参考的样板房就包装得十分细致周到，厨房里冰箱、厨具、水果蔬菜、调味品、碗盆碟杯等一应俱全。这样，消费者一边参观，一边又不自觉地把自己融入居家的角色，很容易产生认同。

19 大户型的样板房最重要的是主人房
◆ 一般来说，主人房是套房中最私密、最安静的所在，因此，其位置、朝向、床位摆放等都值得慎重考虑。

20 样板房设计需要关注孩子的力量
◆ 别小看儿童房的设计，根据喜好设计有主题的儿童房，小孩子参观后一定会跟父母说："多好啊，爸爸妈妈买下它吧，买下它吧。"

21 样板房设计需要关注妻子的影响力
◆ 在认同厨房和饭厅的设计以后，孩子的妈妈也会说："喂，老公，听孩子说吧，买下它吧。去售楼部问一问价钱吧"。所以应该重视太太与小孩子对购买房子的意见。
◆ 而且，在做好样板间以后，应该听听消费者对样板房的反映，往往反映最多的是妇女和小孩。男人对房子的位置、大小、朝向、价格、交通比较关注。但是房子好不好用，厨房合不合理，妈妈与孩子有更多的发言权。
◆ 所以，买房不仅仅看丈夫的反应，太太与小孩的意见也很重要。要强调与众不同的风格表现，不但可以通过灯光效果和造型效果表现出来，也可以通过颜色与视觉效果表现出来。

6.5.6 公共空间设计控制要点

01 首层大堂
◆ 沙发区、接待前台、告示板、雕塑小品、艺术画、窗帘、植栽、空调、补充要求。

02 标准层大堂
◆ 雕塑小品、艺术画、补充要示。

03 电梯轿厢
◆ 观光、空调、补充要求。

04 装修标准
◆ 风格建议、关键词。

开发阶段： 　　　　　　　　　　年　月　日——　　年　月　日

总结与提升：

05　项目推广主题

06　移交使用时间

07　客户定位
- 年龄层段、职业背景（关键词）、教育背景（关键词）、生活形态（关键词）、居住理念（关键词）。

08　包装切合主题
- 可以给予各处以墙色、艺术、花园、浮雕、吊灯、壁灯、雕栏等，营造高尚品味，突出项目豪雅气派从外到内，大到厅堂、小到每一个建筑细部，都力图包装出高雅非凡的效果，给人以奢侈的家环境。

09　注重细节
- 充分利用每一个空间、角落。广泛使用指示牌、说明书，布置在走道、通道、门口两侧、转角处、栏杆上，说明方向、用途材料、面积以及注意事项等。例如电梯间，明按钮旁嵌有可到达何地的参观指示，内壁上还挂有关于交接时所安装的品牌电梯说明以及电梯效果图。

10　电梯与通道、楼梯的包装
- 电梯要直通样板房的所在楼层，通往样板房的通道应整洁明亮，注意布置一些灯光、小展板、镜画及文字标识等，把通道也变成广告看板。

6.5.7　景观示范区设计控制要点

01　售楼中心附近的水景
- 在售楼中心附近或景观示范区设计水景，或大或小，或欢快或静谧。有水就有了灵气。

02　景观示范区的集中绿地
- 景观示范区内大面积的集中绿地，配合高大的乔木和灌木，气势如虹，给客户强大的视觉冲击力。同时，绿地还可以作为营销活动的场地，让客户参加活动的同时，体验未来小区的生活场景。

03　五重景观体系
- 五重景观体系，通过别墅级的景观打动客户，在景观示范区、样板楼的前庭后院，密植高大乔木、灌木、花灌木、花卉、草坪五重景观，特别注重植物的层次和色彩的搭配，形成独特的立体绿化景致。

开发阶段：　　　　　　　　　　　　　　　　年　月　日——　　年　月　日

总结与提升：

04 独特的景观小品

独特造型的景观小品,通过对小品的精心设计和摆放,体现景观的细致和用心。

05 布满鲜花的道路

- 花团锦簇的道路,景观示范区道路曲径通幽、开合有度,精心布置的鲜花不断触动客户最敏感的神经,让客户陶醉其中,流连忘返。

因篇幅有限,此部分为样板示范区要点精简介绍,如需更多的要点提示和专家服务,请登录 www.xlhgw.com 免费咨询。

此部分改进与提高之处:

开发阶段: 　　　　　　　　　　　　年　　月　　日——　　年　　月　　日

总结与提升:

第七部分　土建工程管理标准化

7.1　六项工程管理要点提示

万科集团作为不断推进工程管理标准化的品牌开发商,提出的"六管一控"值得学习与借鉴。

01　六管一控

- ★ 六管：范围管理、计划管理、质量管理、成本管理、组织管理、采购管理。
- ★ 一控：项目及风险。

02　范围管理

- ★ 确保所做的工作既充分且必要,这些工作可以实现项目的目标。

	房屋的生命周期						
	决策阶段		实施阶段				使用阶段
	土地机会寻找	项目定位建议	概念设计	规划设计	施工图设计	房屋建造	销售	物业管理
投资方	←————————————→						
开发方	←——————————————————————→						
设计方			←————————→				
施工方						←——————→	
其他供方					←——————→		
物业公司				←——→			←——→

03　计划管理

- ◆ 编制项目计划的重要性
  - ★ 项目实施前的详尽预测和模拟。
  - ★ 促进项目关系人或部门之间的沟通,达成共识。
  - ★ 为项目测量和控制提供基准。
  - ★ 项目的独特性决定了,每个项目都是从未做过的事情。所以,编制计划对项目来说非常重要。
  - ★ 计划编制是一项贯穿整个项目生命周期的持续不断的工作。
  - ★ 计划编制不是精确科学,不同的项目团队对同一个项目可能做出截然不同的计划。

开发阶段：　　　　　　　　　　　　　　　　年　月　日——　年　月　日

总结与提升：

- ◆ 工程项目计划的主要内容
  - ★ 控制性进度计划：材料设备进场计划、分包进场计划、施工图需求计划、采购和招标计划、销售配合计划。
  - ★ 施工总进度计划。
  - ★ 阶段性进度计划：前期及基础施工阶段进度计划、主体进度计划、装修进度计划、验收进度计划。
  - ★ 月进度计划、周进度计划、日进度计划。

04 质量管理

- ◆ 质量管理水平评价
  - ★ 一级：质量控制——出厂前产品验收。
  - ★ 二级：质量保证——生产过程控制，ISO9000。
  - ★ 三级：质量管理——以顾问为中心，倡导质量文化。

- ◆ 质量体系
  - ★ 质量策划 ★ 合理工期 ★ 施工过程质量控制 ★ 对供方的质量管理输出

- ◆ 质量策划
  - ★ 确定质量目标及成果体现。
  - ★ 质量管理体系评估与改进：监理、项目部、公司定期检查，提出改进方案。

- ◆ 合理工期
  - ★ 标准工期：考虑正常的技术间歇、组织间歇、特殊季节（麦收、秋收、雨季）和自然条件影响而编制出的正常施工周期。
  - ★ 最短工期：考虑正常的技术间歇和自然条件影响，通过加大施工单位成本投入而编制出的最短施工周期。
  - ★ 关键线路的控制是工期管理的核心，把控关键线路，合理穿插搭接。
  - ★ 合理的施工间歇必须考虑：桩基、土方夯实回填、混凝土、加气块砌筑、粉刷（分层粉刷，第一层干后才能进行第二层）、防水（晾干的时间）、地坪（养护后才能上人）等。
  - ★ 以目标为导向，配合销售。
  - ★ 保证质量，坚持合理工期。

- ◆ 过程质量控制的六项做法
  - ★ 材料控制 ★ 样板引路制度 ★ 成品保护
  - ★ 工序检查 ★ 质量巡检制度 ★ 竣工验收

05 成本管理

- ◆ 常见成本控制原则
  - ★ 货比三家，选择适合的供应商 ★ 控制设计费用支出
  - ★ 通过集中采购，获得价格优势 ★ 加强设计变更的管理
  - ★ 将可能发生的变更风险让供方承担 ★ 质量成本概念
  - ★ 维护和使用成本是客户关心的

开发阶段:　　　　　　　　　　　　年　月　日——　　年　月　日

总结与提升:

- ◆ 建造环节成本管理的注意事项
  - ★ 现场管理　★ 招标环节　★ 合同制定执行　★ 签证变更
  - ★ 配套管理　★ 现金管理　★ 监理费用管理　★ 预结算管理

06　采购管理
- ◆ 建立适合自己的采购与供应链管理模式，采购人员的阳光管理约定。
- ◆ 招标模式确定，标书的编制要求。
- ◆ 合同管理，供方管理、评估及优化。

7.2　施工管理四个环节标准化要点提示

01　工程全过程"四化"管理
- ◆ 图纸标准化、施工工厂化、管理可视化、现场整洁化。
"四化"管理的核心是"标准化"。

02　"四化"的具体内容

施工阶段	图纸标准化	施工工厂化	管理可视化	现场整洁化
结构阶段	1.测量放线方案 2.钢筋加工预制图 3.模板及支撑深化设计图	1.钢筋集中预制加工 2.模板集中加工	1.事前：钢筋加工预制图、模板及支撑深化图 2.事中：轴线、标高、模板尺寸的平行检查；钢筋规格、数量、间距、接头质量等施工过程的检查、控制 3.事后：钢筋、模板的施工质量验收记录	1.材料构件、成品及半成品堆放规划有序 2.场容、场貌整洁美观
砌筑阶段	1.测量定位方案、深化图纸 2.二次构件施工图 3.砌体排砖图 4.水电管线定位图	1.二次构件的集中预制 2.非整砖砌块的集中切割 3.砌筑砂浆的集中搅拌	1.事前：二次构件施工图、排砖图、水电定位图等 2.事中：轴线、标高、灰缝质量等施工过程检查、控制 3.事后：砌体施工验收记录	
抹灰阶段	1.测量放线方案 2.抹灰打靶方案 3.抹灰收口一次成活施工方案	砂浆集中搅拌	1.事前：测量方案、深化图纸 2.事中：砂浆配合比、抹灰厚度、垂直度、平整度、阴阳角等施工过程检查、控制 3.事后：抹灰质量验收记录	

开发阶段: 　　　　　　　　　　　　年　月　日——　年　月　日

总结与提升:

7.3　水电暖通安装工程要点提示

01　新项目定位后要及早与有关市政部门沟通
- 电业局、自来水公司、热力公司、有线电视台、电信局、燃气公司。

02　合理设计、降低费用
- 新项目应申报所需容量、进线方式、方位等,以及时、合理安排供水、供电、通信、有线电视、供热、供煤气线路的接口入户位置。
- 在符合市政部门专业条款要求的情况下,尽量缩短线路,避免相互影响、重复开挖布线,便于施工及维修,最大限度地降低工程施工费用。

03　总结施工经验,避免反复开挖
- 吸取其他小区在开发时重复设计和施工工序不合理所造成的重复开挖、反复施工的教训,避免造成浪费。

04　高压供电委托专业设计
- 高压配电室双电源进线设计,必须经电业局生计科认可后才能送电。因此,高压供电部分应委托电业局进行设计。

05　自来水源合理计量
- 自来水的收费根据用途不同,其收费价格也不同,我们可以把双水源进小区时,分为生活用水和商业用水两条线计量,在小区内调整供水管道以合理节省用水费用。

06　缩短热力管道路径
- 热力管道接口与热交换站的路径越短越好,可以减少热损耗,同时尽量避开其他管道。

07　注重排水坡度
- 小区内的排水管道的坡度和管径在符合设计要求的情况下,应尽量加大一点,留点富余量。

08　小区化粪池
- 小区的化粪池最好采用生物化粪池,可以减少沉淀物,降低长期维护清淤费用。

09　预留大型设备安装时的吊装孔
- 安装大型设备所预留的吊装孔,应方便施工,防止设备吊装时产生碰伤,例如高低开关柜、变压器水泵等设施。

10　电气设备注意防水、防潮
- 电气设备以及强弱电桥架、管道井的施工应注意防水、防潮,杜绝渗漏水隐患。

开发阶段: 　　　　　　　　　　　　年　月　日——　　年　月　日

总结与提升:

11 上、下水管道设置在管理井内
- 上下水管道穿楼板面处接缝不严密极易产生渗水隐患，卫生间、厨房楼面应做好防水层，应设混凝土泛水沿，应考虑管道热胀冷缩现象，易造成楼面微裂缝。
- 分户计量表，最好设置在管道井内；如放在户内时，最好安装磁卡表，以便于物业公司后期管理。

12 小区供电系统
- 建议实行直供电，当工程完成后，将电力设备移交给供电局管理，这样既不用安排电工配电室值班，又不再承担电损耗和后期设备维护费用。

13 考虑消防喷淋的安装
- 如果商务楼按复式楼中楼设计时，应考虑消防喷淋的安装要求，要留设上水管线布置空间，应事先申报消防设施布线施工做法，避免重复施工，并应考虑卫生间位置及上下水管道的安装高度。

14 中央空调的送风管道安装
- 中央空调的送风管道入户安装要合适，吊顶净空高度要严格核定落实，力求设计合理。

15 分户计量的暖气管道安装
- 采用分户计量时，暖气管道户内串联时最好走明管；埋地时应加设套管，如用铝塑管时接口一定要连接牢固。管道井内安装计量表时应保证各部件便于检修维护。

16 地下车库及设备用房的防水设施
- 地下车库、水泵房、配电房等其地面应防止积水，防止被淹的水患出现，应设置排水沟及积水坑，设排水自动泵。地下室外墙应设高侧窗以便通风良好。

此部分改进与提高之处：

开发阶段: 　　　　　　年　月　日——　年　月　日

总结与提升:

第八部分　物业管理流程标准化

8.1　保洁工作管理标准化

制度名称	保洁工作管理制度		受控状态	
			编　号	
执行部门		监督部门	考证部门	

第一章　总则

第1条　目的
为了使业主对保洁工作满意，对保洁人员工作进行规范，特制定本制度。

第二章　保洁工作日常管理

第2条　辖区环境卫生实行专人管理、专人负责。
第3条　辖区采用"定人、定地点、定时间、定任务、定质量"的"五定"方式加强管理，进行标准化清扫。
第4条　辖区内实行动态保洁，保洁员每日按规定时间、地点清扫责任区域。
第5条　根据辖区服务标准，随时保持辖区内公共区域的清洁，遇到雨天要及时疏通排水沟。
第6条　环境卫生标准达到"六不"、"五净"，即不见积水、不见积土、不见杂物、不漏收集、不乱倒垃圾、不见人畜粪便及路面净、路沿净、雨水口净、树坑墙根净、果壳箱净。
第7条　装修垃圾和生活垃圾要做到日产日清，及时集中到指定地点。
第8条　落实检查和考核措施，确保保洁工作达到质量标准。
第9条　保洁人员在工作时间内，遇到辖区内有任何垃圾、废弃物等不卫生现象时，要随产随清、随叫随到，保持卫生。
第10条　搞好环卫宣传工作，提高业主的清洁卫生意识，共同创造优美、洁净的物业环境。
第11条　根据季节及社区布置，及时做好除"四害"除虫消毒工作。

第三章　保洁工作细则

第12条　地面清洁工作程序
（1）保洁人员到所辖的区域准备清洁工具。如果遇到雨天，应在入口处铺上防水踏垫。
（2）将大门入口的垃圾清扫干净，保证地面无纸屑。
（3）用拖把反复拖抹地面，确保地面光亮、整洁、无脚印。
（4）负责将扶手电梯清洁干净，包括清洁扶手、不锈钢表面，做到扶手干净、无灰尘、不锈钢表面光亮、无手印。
（5）清洁三个入口处的玻璃门窗，确保入口处玻璃窗清洁光亮、无水渍、无手印、无污渍。
（6）保持光缆电梯外的玻璃遮罩的清洁，做到玻璃光洁、无水渍、无污渍。

开发阶段： 年 月 日—— 年 月 日

总结与提升：

(7) 清扫安全走道及楼梯，先打扫一遍再用湿拖把将地面拖抹干净。

第 13 条　入口处地面清洁工作程序
(1) 每天将地面清扫干净，确保地面无纸屑。
(2) 用铲刀将地面不易清除的脏物铲干净。
(3) 每周一次，用洗地机将入口处的地面清洗干净。

第 14 条　玻璃门窗清洁工作程序
(1) 用湿布将入口处玻璃门擦拭一遍，如果是稍高的玻璃门可以用 A 字铝合金梯辅助。
(2) 遇有不易用抹布清洁的脏物，可用玻璃刮刀辅助清洁。
(3) 用玻璃刮刀将玻璃上的水滴刮拭干净，使之光亮、无灰尘、无手印。
(4) 用地托将地下的滴水抹干。

第 15 条　扶手电梯清洁工作程序
(1) 用湿保洁布擦拭扶手电梯的扶手，使之干净、无尘。
(2) 用细扫帚将扶手梯的踏步清扫干净。
(3) 擦拭扶手电梯的铝合金面、边板及镜面，使之光亮、无灰尘、无手印。
(4) 清洁玻璃，使之光亮、无手印。

第 16 条　货运电梯清洁工作程序
(1) 打扫电梯的地板，使之无纸屑等杂物。
(2) 分别用干、湿拖布拖抹地面，保证无脚印。
(3) 清洁电梯的不锈钢门及内部墙壁，使之光亮、无浮尘、无手印。
(4) 清洁天棚，使之无尘、无蜘蛛网。

第 17 条　观光电梯清洁工作程序
(1) 清洁各楼层观光电梯的不锈钢门，使之光亮、无浮尘、无手印。
(2) 将观光电梯的地板清扫干净，并用拖把拖抹。
(3) 清洁观光电梯的玻璃，使之无污点。

第 18 条　扶手栏杆清洁工作程序
(1) 清洁扶手栏杆上的不锈钢扶手，使之光亮、无浮尘、无手印。
(2) 用鸡毛掸掸去栏杆上的灰尘，每日用湿布擦拭一遍栏杆。

第 19 条　垃圾处理工作程序
(1) 收集所有用户、业主的垃圾，并送到垃圾车上。
(2) 将垃圾运送到垃圾房。
(3) 收集整理垃圾房。
(4) 保持地库清洁。
(5) 地库每周清扫两次。
(6) 地库垃圾的清扫要做到地面无纸屑等其他可见的脏物。

第四章　清洁工具领用管理

第 20 条　需用设备必须填写《领用登记表》。
第 21 条　领用设备时，领用人需自行检查设备的完好程度，因检查不周，造成病机出库而影响工作的，由领用人自行负责。
第 22 条　使用设备时如发生故障，不得强行继续操作，违者罚款。
第 23 条　因使用不当，发生机具、附件损坏者，按规定赔偿。

开发阶段: 　　　　　　　　　　　　　　　　　年　月　日——　　年　月　日

总结与提升:

第 24 条　归还设备时，必须保证设备完好无损、内外干净，如有损坏，应及时报修，并在领用簿上注明损坏情况。

第 25 条　凡不符合上述领用要求的，保管人员有权拒收，由此影响工作的，由领用人自行负责。

第五章　常用工具操作

第 26 条　使用前，要了解设备的性能、特点和耗电量。

第 27 条　操作前先清理场地，防止接线板、电机进水或因电线卷入正在操作的设备中而损坏设备。

第 28 条　擦地机、抛光机、地毯清洗机、吸水机、吸尘器等设备均需按照使用说明正确操作、正确使用。

第 29 条　高压水枪不能在脱水的情况下操作。

第六章　保洁人员安全操作管理

第 30 条　牢固树立"安全第一"的思想，确保安全操作。

第 31 条　保洁人员在超过 2 米的高处操作时，必须双脚踏在凳子上，不得单脚踏在凳子上，以免摔伤。

第 32 条　保洁人员在使用机器时，不得用湿手接触电源插座，以免触电。

第 33 条　保洁人员不会使用清洁机器时，不得私自开动机器，以免发生意外事故。

第 34 条　保洁人员应该严格遵守防火制度，不得动用明火，以免发生火灾。

第 35 条　在操作与安全发生矛盾时，应先服从安全，以安全为重。

第 36 条　保洁人员在使用开水时，应思想集中，以免烫伤。

第 37 条　室外人员在推垃圾箱时，应小心操作，以免压伤手脚。

第七章　奖惩

第 38 条　部门主管每周对责任区域卫生进行检查，对于保洁工作进行以下处置。

保洁检查奖惩表

	奖励		
衡量标准	连续 × 次达到标准	连续 × 月达到标准	提出工作合理化建议，并得到采纳
奖励方式	给予表扬	给予 ×× 元奖励	给予 ×× 元奖励
	处罚		
衡量标准	× 次不达标者	连续 × 次不达标者	连续 × 次不达标且拒不改正者
处罚方式	给予警告	每次 × 元，从当月浮动工资中扣除	予以辞退

相关说明				
编制人员		审核人员		批准人员
编制日期		审核日期		批准日期

开发阶段: 　　　　　　　　　　　年　　月　　日——　　年　　月　　日

总结与提升:

8.2 安全秩序标准化

制度名称	安全秩序管理制度	受控状态	
		编号	
执行部门		监督部门		考证部门	

第一章 总则

第1条 为保证业主有一个安全舒适的生活环境，明确各相关人员的岗位职责，加强辖区内的安全秩序管理，特制定本制度。

第2条 安全秩序管理人员行为准则
(1) 敬业爱岗，尽职尽责，坚守岗位；
(2) 积极主动，坚持原则，主持正义；
(3) 文明执勤，礼貌待人，注重形象；
(4) 遵纪守法，尊老爱幼，乐于助人；
(5) 遇人遇事，冷静处理，以理服人；
(6) 加强学习，团结互助，互帮互爱。

第二章 公用设施管理制度

第3条 辖区内公共配套设施设备为全体住户共同使用和维护，任何单位和个人不得以任何形式占有和占用，严重违反者移交有关部门处理。

第4条 辖区内公共配套设施设备分有偿和无偿两类，使用有偿设施时，应按价交费，并自觉遵守有关管理规定。

第5条 要自觉维护公共配套设施内的各种设施，遵循各种设施的使用、操作规程或有关规定，不得损害、破坏，因使用不当而损坏的应照价赔偿。

第6条 公共场所内只能进行健康、合法的活动，不得进行任何形式的违法、违纪活动，否则移交公安机关处理。

第7条 在使用有关公共配套设施时，大家要互相尊重、文明使用，不得推拉、抢争，不得高声喧哗。

第8条 在使用公共配套设施时要讲究卫生，不得乱丢、乱吐、乱涂、乱画，违者除负责清理、恢复原貌外，还将处以一定数额的罚款。

第9条 由专人对辖区内的公用设施设备进行定期检查，保证公用设施能正常使用。

第三章 消防安全教育、培训制度

第10条 每年以创办消防安全知识宣传栏、开展知识竞赛等多种形式，提高全体员工的消防安全意识。

第11条 定期组织员工学习消防法规和各项规章制度，做到依法治火。

第12条 各部门应针对岗位特点进行消防安全教育培训。

开发阶段： 　　　年　月　日——　　年　月　日

总结与提升：

第 13 条 对消防设施的维护保养和使用人员应进行实地演示和培训。
第 14 条 对新员工进行岗前消防培训，经考试合格后方可上岗。
第 15 条 因工作需要员工换岗前必须进行再教育培训。
第 16 条 消防专员等特殊岗位要进行专业培训，经考试合格后，持证上岗。

第四章 消防及消防设施管理制度

第 17 条 熟悉并掌握各类消防设施的使用性能，保证扑救火灾过程中操作有序、准确迅速。

第 18 条 做好《消防值班记录》和《交接班记录》，熟悉消防报警电话。

第 19 条 按时交接班，做好值班记录、设备情况、事故处理等情况的交接手续。无交班手续，值班人员不得擅自离岗。

第 20 条 发现设备故障时，应及时报告，并通知有关部门及时修复。

第 21 条 上班时间不准在消控中心抽烟、睡觉、看书报等，离岗时应做好交接班手续。

第 22 条 发现火灾时，迅速按灭火作战预案紧急处理，并拨打 119 电话通知公安消防部门和报告部门主管。

第 23 条 消防设施日常使用管理工作由专职管理员负责，专职管理员每日检查消防设施的使用状况，保持设施整洁、卫生、完好。

第 24 条 消防设施及消防设备的技术性能的维修保养和定期技术检测有消防工作归口管理部门负责，设专职管理员每日按时检查了解消防设备的运行情况。查看运行记录，听取值班人员意见，发现异常及时安排维修，使设备保持完好的技术状态。

第 25 条 消防设施和消防设备定期测试
（1）烟、温感报警系统的测试由消防工作归口管理部门负责组织实施，保安部参加，每个烟、温感探头至少每年轮测一次。
（2）消防水泵、喷淋水泵、水幕水泵每月试开泵一次，检查其是否完整好用。
（3）正压送风、放排烟系统每半年检测一次。
（4）室内消火栓、喷淋泄水测试每季度一次。
（5）其他消防设备的测试，根据不同情况决定测试时间。

第 26 条 消防器材管理
（1）每年在冬防、夏防期间定期对灭火器进行两次普查换药。
（2）派专人管理，定期巡查消防器材，保证其处于完好状态。
（3）经常检查消防器材，发现丢失、损坏应立即补充并上报领导。
（4）各部门的消防器材由本部门管理，并指定专人负责。

第五章 物品出入登记管理制度

第 27 条 为维护辖区内业主的财产安全，确保辖区的公共秩序，辖区内的业主或客户携带物品出入辖区时必须进行登记。

第 28 条 值班人员对携带进入辖区的可疑物品应进行盘查、询问，属于易燃、易爆、剧毒等危险品的严禁进入辖区。

第 29 条 值班人员对携带大件物品出物业辖区的人员的处理
（1）属业主的，值班人员熟悉、认识的登记其情况，并承担由此可能引发的后果后放行。

开发阶段: 　　　　　　　　　　　　　年　月　日——　年　月　日

总结与提升：

(2) 对自称是业主，但值班人员不熟悉、不认识的，必须核对其业主资料或登记其身份证件后放行。

(3) 属外来人员的，必须登记其身份证件号码等相关内容，进行相关的联系，确认其携带物品合法后方可放行。

第 30 条　值班人员应严格检查携带物品的性质，可以进行适当的盘问。对未能执行物品出入登记的值班人员，将给予相应的处罚，视情节严重程度追究相关责任。

第六章　车辆出入、停放管理制度

第 31 条　凡装有易燃、易爆、剧毒等危险性物品的车辆，及两吨位以上的货车，严禁进入辖区。

第 32 条　非辖区住户的车辆进入辖区时，门卫应严格检查其证件，问清其进入原因，符合条件的方可放行，并做好登记。出辖区时，应对其进行检查，并按规定收取停车费。

第 33 条　值班人员对在辖区内超速行驶、鸣笛、不按指定位置停放的车辆要及时纠正。

第 34 条　提高责任意识，加强责任心。对出入本辖区的可疑车辆要进行盘查，防止车辆丢失、损坏。对损坏辖区路面和公共设施的车辆要令其赔偿损失，并视情节处以罚款。对冲闯大门的要记下车牌号码，记清去向，及时报告上级。

第 35 条　值班人员必须坚持原则，严格执行车辆出入、停放规定和收费标准，不得徇私舞弊，不得利用工作之便与车主乱拉关系，收受贿赂，放松管理，违者从严处理。

第 36 条　本辖区有车辆的业主，应向企业申请办理通行 IC 卡，凭 IC 卡出入大门及在辖区内停放，按规定收取 IC 卡工本费、停车费。

第 37 条　本辖区业主车辆进入辖区后，有车库的业主必须将车停放在车库内，无车库业主必须将车停放在指定位置，严禁乱停乱放。

第 38 条　进入本辖区的货车，卸完货物后应及时离开辖区，因故不能离开的，应将车辆停放在指定位置。

第 39 条　进出、停放车辆必须服从辖区值班人员的管理。驶入辖区的车辆应减速行驶，时速不得超过五公里，不得鸣笛。如车辆损坏路面或公用设施，应照价赔偿，并视情节处以罚款。

第 40 条　如遇停电，收费员应立即关闭入口，打开出口，设立相关警示并做好解释工作。

第 41 条　停电期间，收费员应对进入辖区的车辆进行登记，填写《车辆出入登记表》，按照时长收取停车费，做好停电前所发放的时租卡的回收工作，免收停车费，该时租卡另行放置，由收费系统管理员处理。

第 42 条　电力供应后，应立即恢复停车收费系统的正常使用，对在停电期间进入辖区的车辆根据《车辆出入登记表》按照停车时长收取停车费，人工抬闸出辖区，做好《人工抬闸登记表》的记录。

第七章　附则

第 43 条　本制度由物业管理部负责制定、解释及修改。

第 44 条　本制度自 ××××年××月××日起执行。

编制日期		审核日期		批准日期	
修改标记		修改处数		修改日期	

开发阶段: 　　　　　　　　　　　　年　月　日——　年　月　日

总结与提升:

8.3 绿化工作管理标准化

制度名称	绿化工作管理制度	受控状态	
		编　号	
执行部门		监督部门		考证部门	

第一章　总则

第1条　目的

对物业管理区域绿化工作实施控制，为业主和客户提供清洁卫生、清新优雅的居住和工作环境。

第2条　适用范围

适用于本企业对物业管理区域内的绿化作业控制。

第3条　职责

(1) 部门经理

①负责确定绿化项目与标准。

②生长发育时对绿化工作进行定期检查，并根据实际情况进行绿化工作整改。

(2) 绿化主管

①制定绿化标准以及相关规定、办法。

②进行人员分配以及工作安排，提出工作改进建议。

③根据作业频率，负责日检工作，并对员工进行综合考核，做好有关记录，认真做好绿化养护日记，并定期向部门经理报告。

④按有关规定和要求，及时纠正服务过程中发生的不合格现象。

⑤负责进行绿化班员工的岗位培训工作，定期开展业务知识学习和专业技能操作培训。

(3) 绿化班人员

①负责花草树木的浇水、施肥、除草、治虫防病、修剪整形、防护等工作。

②对破坏绿化者，要及时劝阻、教育，并向有关部门报告。

③及时处理枯枝落叶，清理现场。

④妥善保管、使用各种工具和肥料、药品等。

第二章　绿化工作人员管理细则

第4条　遵纪守法，遵守企业的各项规章制度。

第5条　按时上下班，不迟到早退，不擅离职守。

第6条　上班穿工作服，戴工作牌，仪表整洁，精神饱满。

第7条　讲文明，有礼貌，服从领导，团结同事。

第8条　不得在工作时间内做与本职工作无关的事。

第9条　不做有损企业形象的事，不得以任何形式私自收受业主或客户的钱物。

第10条　不准擅自拿用企业物品挪作他用，损坏、遗失工具要照价赔偿。

开发阶段: 　　　　　　　　　　　　年　月　日——　年　月　日

总结与提升:

第三章 绿化工作管理细则

第 11 条 绿化服务的责任范围
绿化人员的绿化责任范围包括以下四个方面。
(1) 草坪的种植和养护。
(2) 树木的种植和养护。
(3) 室内外盆花的养护。
(4) 节日摆花。

第 12 条 花卉盆景养护管理
(1) 施肥
根据花卉植物在不同期的特殊要求，追施化学肥料，并保证场内不散发异味。
(2) 换盆
根据花苗的大小和生长速度快慢选择相应的花盆、套缸，在环境管理部力所能及的范围内执行。
(3) 浇水
①根据植物的特点，每日或隔日浇水。
②浇水原则。水温与室温要接近，浇水一定要浇透，盆土应经常保持湿润，不要过干、过湿，也不要时干、时湿。
(4) 采摘阳光
根据花卉耐阴喜阳程度和生长情况习性，经常将一些喜阳花卉移到阳光处。

第 13 条 草坪植物的管理
(1) 浇水
根据不同的季节、气候，以及草皮生长期、植物品种决定浇水时间（上午、中午、晚上）和浇水量。
(2) 施肥
根据土质、植物生长期、植物品种和培植需要，决定施肥种类及用量大小。
(3) 清除杂草及松土
根据季节、草坪生长状况对所辖草坪内的杂草进行清除并对土地进行相应的松土，以利于草皮的生长和规范。
(4) 修枝整形
根据植物的形状，以利于观赏为目的，依据植物品种及生长情况等因素进行修剪整形，但此一项目通常在冬季进行。
(5) 除虫
根据病虫害发生的规律，实施综合治理，通常在病虫率高时，施以药剂杀死病虫，以确保植物良好生长。
(6) 防止损坏
加强宣传教育及保安巡视，树立告示牌，防止人为的毁坏，做到预防在先。
(7) 定期洗尘
由于草坪紧靠道路，人与车辆流动多尘土，会影响树木生长和美化效果，故养护人员应定期对草坪及树木用水喷淋清洗。

年　月　日—　年　月　日

总结与提升：

第 14 条　草地保养管理
(1) 小区内园艺师要每月修整草坪一次，每季度施肥一次，入秋后禁止剪割。
(2) 春、夏季的草地每周剪两次，长度一般控制在 20 毫米，隔周除草一次，施水、肥一次，隔周施绿宝一次。
(3) 割草前应检查机具是否正常，刀具是否锋利，滚桶剪每半月磨合一次，每季度将拆底刀打磨一次，圆盘剪每次剪草前须磨刀三把，每剪 15 分钟换刀一把。
(4) 草地修剪应采用横、竖、转方法交替割草，防止转弯部位局部草地受损过大。
(5) 避免汽油机在草地上漏油，造成块状死草，注意起动、停止时避免机身倾斜，防止草地起饼状黄叶，注意不要剪断电机拖线，避免发生事故。
(6) 工作完毕后，要清扫草地，并做好清洗机具等的保养工作。

第四章　绿化监督检查管理

第 15 条　由物业管理部经理定期或不定期组织保安主管、绿化主管等对辖区进行巡查，确保辖区绿化达标。
第 16 条　监督绿化人员是否按规定对辖区内的绿化进行施肥、浇灌、杀虫、修剪等作业，保证小区的绿化不生虫、不缺肥、不缺水、不乱长。
第 17 条　如发现辖区植被出现不良现象，要立即通知绿化主管进行维护。
第 18 条　如发现有人乱踏花草或破坏植物，一定要进行阻止，保证小区的绿化能得到有效的保护，给花草营造良好的生长环境，也给业主一个良好的生活环境。

第五章　绿化设备管理

第 19 条　设备原则上谁使用、谁保管、谁负责。
第 20 条　领用设备时必须填写《绿化设备领用登记表》。
第 21 条　领用设备时，领用人要自行检查设备的完好程序，如因检查不细，造成病机出库而影响工作的，由领用人自行负责。
第 22 条　使用设备时如发生故障，不得强行继续操作。
第 23 条　因操作不当，发生机具、附件损坏者，按规定赔偿。
第 24 条　归还设备时，必须保证设备完好无损、内外干净，如有损坏应及时报修，并在领用簿上注明损坏情况。

第六章　附则

第 25 条　本制度由物业管理部负责制定、解释及修改。
第 26 条　本制度自××××年××月××日起执行。

编制日期		审核日期		批准日期	
修改标记		修改处数		修改日期	

开发阶段: 　　　　　　　　　　　年　月　日——　年　月　日

总结与提升:

8.4　服务中心管理标准化

制度名称	服务中心管理制度	受控状态	
		编　号	
执行部门		监督部门		考证部门	

第一章　总则

第1条　目的
为了方便业主，向业主提供全方位的优质服务，特制定本制度。
第2条　服务原则
(1) 业主第一。
(2) 服务第一。

第二章　服务内容

第3条　维修服务
通下水道，修水龙头、水阀、信箱锁，换电表、水表、门锁，检查家用电器，安装检查空调机，修理门窗。
第4条　定点长期、周期性服务
打扫卫生，擦玻璃，室内绿化服务等。
第5条　代办服务
代订牛奶，代客泊车，代办收订报纸杂志，代取邮件，代订车、船、飞机票，代办水、电、气及交费手续等。

第三章　服务收费管理

第6条　物业服务收费应当遵循合理、公开以及费用与服务水平相适应的原则。
第7条　服务中心工作人员必须将服务内容、服务标准以及收费项目、收费标准等有关情况进行公示。
第8条　服务人员在收取各项费用时，必须开具统一的一式三联的正式收据，严禁收费不开票或打白条，所收款项最迟在次日上缴财务部门，不得挪用。
第9条　严禁服务人员直接或变相索要小费，严禁收受红包、礼品，一经发现严肃处理。
第10条　收费方法
(1) 即时收费
服务结束后，由相关人员将服务内容、项目报告给收款员，收款员根据收费标准开具其他服务收费发票直接向业主收费。
(2) 划账收费
对应收取的有偿服务费，在征得业主同意后，由其在《服务单》上签字认可，在水、电管理费电脑制单时一同委托银行划账收费。

开发阶段: 　　　　　　　　　　　年　月　日——　　年　月　日

总结与提升:

第四章 物业报修服务

第 11 条 服务中心工作人员接到业主保修要求时，及时填写《物业服务中心报修登记表》。

第 12 条 服务中心工作人员将记录的内容如业主名称、联系电话、报修内容、预约维修时间等填入《工程维修单》相应栏目内。

第 13 条 服务中心工作人员将填好的《工程维修单》送达工程部，并请接收人签字确认。

第 14 条 服务中心工作人员通过电话或登门拜访的方式做好物业报修的回访工作，确保物业报修的回访率达到××%以上。

第五章 服务投诉处理

第 15 条 服务标准
（1）耐心受理投诉，及时处理投诉，事后应有回访。
（2）有处理记录，有业主对投诉处理意见的反馈。

第 16 条 处理投诉工作流程
（1）服务中心接到业主投诉后，应首先向业主表示歉意，并在《业主投诉记录》上做好登记。
（2）服务中心根据投诉内容进行核实之后通知相关部门限期解决，遇特殊情况应向客服主管汇报。
（3）针对业主较严重的投诉，服务中心应及时向客户服务主管汇报，并由物业管理部经理组织相关人员进行检讨，落实解决措施及责任人，限期进行处理。
（4）相关部门在处理完投诉后，要迅速将处理结果报客户服务中心，由客户服务中心统一安排回访。
（5）服务中心负责将投诉处理结果填写在《业主投诉处理表》中，并由具体解决部门的负责人签字认可。

业主投诉处理表　　投诉日期：　年　月　日

企业名称		房号	
业主姓名		联系电话	
投诉时间		处理起止时间	
投诉内容：			
		业主签名：　　年　月　日	
处理措施：			
		物业管理部经办人：	
处理结果：			
		物业管理部经办人：	
业主回馈意见：			
		业主签名：	
备注：			

（6）对业主的恶意投诉，做到坚持原则并耐心解释
（7）投诉记录由客户服务中心进行统一管理

编制日期		审核日期		批准日期	
修改标记		修改处数		修改日期	

开发阶段： 　　　　　　　　　　　　年　月　日——　　年　月　日

总结与提升：

8.5 物业设备管理标准化

制度名称	服务中心管理制度		受控状态	
			编　号	
执行部门		监督部门	考证部门	

第一章　总则

第1条　目的
为确保及时提供物业服务，结合物业管理部的实际情况，特制定本制度。

第2条　适用范围
物业管理部所管辖的电力（油）拖动设备、电机、电气设备（含强电主线路）、电子设备（含弱电线路）、管道、风道、阀门及其他房屋附属装置。

第3条　管理职责
（1）物业管理部
① 中修、大修及设备更新改造计划制订、方案审批、工程监督、组织验收。
② 保养计划审批。
③ 设备（器具）报废审批，选择、评价设备维修养护供方。
④ 负责《公共机电设备维修保养合同》、《电梯维修保养合同》、设备缺陷整改、中修、大修、更新改造委托合同的审核，办理合同会签手续。
⑤ 定期组织专家对重要设备进行诊断，确定状态维修时机。
（2）工程维修主管
工程维修主管负责对机电设备维修保养情况及设备技术状态进行月查。
工程维修主管负责机电设备日常操作、运行、巡查、点检及《公共机电设备维修保养合同》委托范围外的一切保养、维修工作，填写相关记录，编制保养计划，与供方根据《公共机电设备维修保养合同》确定分包内容。维修养护合同签订后，要按合同监督检查、评定供方。

第二章　设备管理相关定义

第4条　日常维护保养
日常维护保养是指经常性的保养工作，包括定期检查、清洁、防腐、紧固和润滑，对不经常运行的机械进行盘车、试车（正压风机、消防水泵、发电机），发现小故障要及时排除，做好记录。

第5条　一级保养
一级保养是指对机械设备进行检查、检测，根据实际需要局部解体，进行清洗、调整、维修更换；对电机进行绝缘遥测；对电机设备进行清扫、检查仪表、电器（断路器等）；对电子设备进行除尘、触头研磨、更换、功能检查、软件检查；对管道、风道局部进行除锈防腐、刷漆；对各种主要阀门（含风阀、防火阀）渗漏、故障进行处理。

第6条　二级保养、
二级保养是指对机械设备进行全面清洗、调整，部分解体检查和局部修理，更换易损件，

总结与提升：

噪声、振动、泄露检测，发电机带负荷试车；对电机进行绝缘遥测，抽芯检查，清扫、轴承上油；对电气设备进行全面清扫，母线、导线、电气端子压接面除氧化，电气参数整定，耐压绝缘测试；对电子设备进场除尘，插接件接口清洗，系统功能、参数测试，工作点调整，软件维护；对管道、风道部分进行除锈、防腐、刷漆；对各种主要阀门（含风阀、防火阀）渗漏、故障进行处理或更换。

第7条 中修工程

中修工程是指对设备进行正常和定期的全面检修，对设备部分进行解体修理和更换少量磨损零部件，保证设备能恢复和达到应有的标准及技术要求，使设备能正常运转到下一次修理。更换率一般10%～30%，周期3～5年

第8条 大修工程

大修工程是指对设备进行定期的全面检修，对设备要求全面解体，更换主要部件或修理不合格的零部件，使设备基本恢复原有性能。更换率一般超过30%，周期6～10年

第9条 设备更新和技术改造

设备更新和技术改造是指设备使用到一定的年限后，技术性能落后、效率低、耗能大或污染（腐蚀、排气、除尘、噪音）问题日益严重，须更新设备，提高和改善技术性能。

第10条 事后维修（故障维修）

设备发生故障后，对失效、损坏部分做针对性的维修。

第11条 状态维修

通过监测设备状态参数的变化，对出现明显劣化的设备实施维修。

第三章 设备分类

第12条 分类标准

根据设备对业主服务的重要性可将其分为Ⅰ、Ⅱ、Ⅲ三级（风机类、泵类、机组类均含相应的电机、电气控制柜）

第13条 Ⅰ级设备

包括电梯、发电机、生活水泵、消防泵、喷淋泵、稳压泵、低压配电柜、火灾中央报警控制柜、消防联动柜、冷水机组和BA中央管理计算机。

第14条 Ⅱ级设备

包括正压风机、空气处理器、冷却塔、公用天线系统、对讲报警系统、防盗监视系统、气体自动灭火设施、高压开关柜、变压器、交通道闸、车场自动收费装置、泳池水处理装置和DDC现场控制器。

第15条 Ⅲ级设备

除Ⅰ、Ⅱ级以外的所有设备外，包括区域火灾报警控制箱、小型控制箱（配电箱）、排风机、风机盘管、集中抄表装置、维修机具以及办公室、食堂、清洁、保安通信设备等。

第四章 设备管理模式

采用计划预修制与状态维修、事后维修相结合的管理模式。

第16条 计划预修制

对于符合磨损规律的Ⅰ、Ⅱ级设备，定期做三级保养，定期进行小修、中修、大修。小修包含在三级养护中。中修、大修周期见《设备保养、中修、大修周期》。

第17条 对Ⅰ、Ⅱ级电气设备、电子设备进行三级保养，探测性维修（功能检查）

开发阶段: 　　　　　　　　　　　　年　月　日——　　年　月　日

总结与提升:

和状态维修。

第18条　对于Ⅲ级设备采取事后维修，每年保养一次。

第五章　设备管理程序

第19条　设备前期管理

(1) 前期介入。设备选型、安装要求等由物业管理部对有关物业考察后，向相关部门提出。

(2) 设备的接管验收

① 设备的接管验收工作由物业管理部组织设备管理技术人员组成验收工作组，会同房地产项目相关人员实施。

② 验收依据为《设备出厂说明书》及国家有关规范、标准。

③ 对于达不到上述条件的设备，应在《验收单》中写明实际情况及原因，并限期整改，进行复验。

④ 设备的接管凭证由物业管理部组织相关人员与开发商交接办理，在验收单接收人处签字，盖工程管理部公章，填写《公用机电设备验收单》报物业管理部复核盖章。

⑤ 设备技术资料在设备交接验收时，由物业管理部向负责项目开发的相关部门办理交接手续。

⑥ 当供电设备、供水设备验收合格后，物业管理要从相关部门接收原《供用电合同》《供水合同》、《供水合同执行单》及近期电费、水费。

(3) 设备的建账

工程维修主管负责所管物业的全部设备编号，并用EXCEL软件编写《机电设备统计表》，录入计算机，并应对所管理的所有设施设备都建账。

(4) 设备标识管理

① 未隐蔽的设备须在规定位置贴设备标牌。

② 设备的颜色。设备一律按附表《设备颜色规定》的要求颜色刷漆。

③ 设备状态标识。重要危险设备的工作状态须标识（如配电柜"禁止合闸"等），报废、封存的设备须标识。

④ 设备标识牌由物业管理部统一设计。

第20条　设备维修保养管理

(1) 制订计划

①制订维修保养计划

A. 设备供方应将委托范围内设备的下年度保养计划于每年12月中旬报物业管理部，保养周期、级别应符合本文《设备保养、中修、大修周期》的规定及合同要求。物业管理部审核、调整后，与企业保养范围内的计划汇总，于每年12月下旬报物业管理部审批。审批后的设备保养计划由物业管理部保留。

B. 设备中修、大修、更新改造计划由专业公司制订，并审查确定方案，编制或审查预算。

C. 物业管理部根据工程维修主管的月检报告，定期组织专家对重要设备进行诊断，根据诊断结果确定状态维修时机、维修方案，并组织实施。

②制订设备检定计划

电梯检定计划由外包专业公司制订，计量器皿检定计划由物业管理部制订。

(2) 计划实施

①工程维修主管及供方维修人员须按国家标准、规范及有关制度、规定和作业指导书的要求对设备进行保养维修。供方负责《公共机电设备维修保养合同》委托范围内的

开发阶段： 　　　　　　　　年　月　日——　年　月　日

总结与提升：

设备维修、保养工作，可采用供方的表格做记录；工程维修人员负责合同委托范围外的设备维修、保养工作，要采用企业的表格做记录。

②当维修人员发现不属于负责维修范围内的设备出现故障时，维修主管应用《设备故障问题转呈单》立即通知供方，供方接到转呈单后，须在半个工作日内给予物业管理部答复，确定维修时间。

③对于重大维修，物业管理部应组织专业工程师进行现场监督、指导。对于供方不能解决的问题，需要向其他专业公司委托维修时，供方负责人应先填写《设备外委维修申请表》，维修费在2000元以下的，由物业管理部经理批准维修，维修费用在2000元以上（含）的，经总经理批准后，再进行维修。维修费用较高的项目，由企业组织招标。

④关键设备发生故障，造成辖区停电、停水、停梯或严重影响业主生活的（不含重大设备事故），须应按应急程序进行抢修。工程维修主管应首先电话通知物业管理部，立即进行抢修，恢复设备功能。抢修所用的配件、材料标识可按紧急进行处理，事后须按常规程序补办审批手续。

⑤设备中修、大修、更新改造工程由物业管理部选择供方（招标或指定合格的供方），组织订立有关合同，办理合同会签手续，并由物业管理部组织有关人员进行工程施工监督。

(3) 计划实施情况检查

①维修人员对设备进行日常巡视时，应对设备重点部位进行检查（点检），并做好记录。发现问题及时解决，无法解决的问题用《设备故障问题转呈单》提交专业公司解决。Ⅰ、Ⅱ、Ⅲ级设备的日常维护保养的计划执行情况由维修班长检查，按同类设备的40%进行抽样，并填写《保养检查记录》。

②设备维修完毕后，应对设备功能进行检定，Ⅰ、Ⅱ级设备由专业公司组织检定并备案；Ⅲ级设备由维修主管检定，所有设备检定记录物业管理部都应备案。

③工程维修主管每月对保养计划执行情况、设备技术状态、记录资料进行一次检查、评定，并做相关月检记录。评定结果（分数）作为考核维修保养质量及分包方履约情况的依据。

④设备中修、大修、更新改造工程竣工验收由物业管理部组织。

(4) 设备的检定

①对于电梯，物业管理部每年组织有关部门进行一次自检，并按规定时限报送政府有关部门检定。

②有功能表、无功电能表、水表、燃气表由供电局、自来水公司、燃气公司负责定期检定，工程维修主管应保护好计量表、柜上的铅封。

③计量器具万用表、钳形电流计由工程维修主管检定，绝缘摇表、场强仪、转速计等由维修主管自行送检，将检定证书原件送物业管理部存档。

(5) 设备的评审

①评审指标：设备完好率，其计算公式如下。

设备完好率＝完好设备台数/设备总台数 ×100%

公式中的设备均指Ⅰ、Ⅱ级设备。设备的功能和参数能达到《产品说明书》中的技术性能指标就视为完好。

②评审办法。每年年底，由工程维修主管组织有关人员对所管设备进行一次检查，对检查结果按公式进行统计计算，于12月15日之前报物业管理部，物业管理部按10%抽样检查，并统计企业的设备完好率。

第21条　设备安全管理

(1) 持证上岗。从事特殊工种作业的员工（如电工、电梯工、司炉工、消防中心值班员等），

开发阶段: 　　　　　　　　　　　　年　月　日——　　年　月　日

总结与提升:

须持证上岗。

(2) 安全检查。企业安全委员会每季度对设备安全状况进行一次检查、评价，并责成未达标单位对安全隐患进行整改。

(3) 事故处理程序

①发生设备安全事故后，工程维修主管应立即通知物业管理部。

②在调查人员未赶到现场之前，工程维修人员及在场人员应尽可能地保护现场，拍照或录像。

③工程维修主管须组织人员抢修。

④事后，工程维修主管应向物业管理部提交《设备安全事故报告》，物业管理部根据报告及调查结果，向总经理提交《设备安全事故调查报告》，并提出处理意见。

第22条　设备封存及报废管理

(1) 设备封存

①拟封存的Ⅰ、Ⅱ级设备由工程维修主管报物业管理部，物业管理部计划安排设备封存前的处理工作（如防腐、防护等）。封存地点应保持干燥、干净、安全，维修主管应定期检查。

②封存的设备应贴封存标记，重新启用时要预先保养一次。

(2) 设备报废

①对不能修复或维修后检定不合格的设备，由维修主管填写《设备（机具）报废单》，价值在2000元以下的，由工程维修主管批准报废，价值在2000元（含）以上的，经工程维修主管同意后，报物业管理部经理批准报废。

②报废的设备应在设备档案中注明报废日期，封存该设备档案。

③设备维修过程中更换下来的器件（报废件）应在《设备维修记录》上注明。

④报废的设备及报废件，工程维修主管应妥善保管，并统一填写《报废设备、器件清单》，每半年将清单上报物业管理部，由物业管理部确认有利用价值的统一调配、回收。

第23条　组织对供方的控制

(1) 设备供方的选取原则是其应通过ISO9000认证。

(2) 物业管理部每年对供方进行一次评价并记录，对于不符合要求的供方，不予续签合同。

(3) 当发生严重投诉或事故时，物业管理部须组织人员对供方的质量体系进行审核。

(4) 供方的日常检查、监督。工程管理部按合同约定对供方是否按设备保养计划进行保养及维修，予以确认，在保养、维修记录上签字。但是，工程维修主管的确认（签字）不免除供方对不合格保养、维修进行返工、返修的责任。

第24条　设备技术档案资料管理

(1) 设备技术资料的交接管理按本程序的相关规定执行。

(2) 设备技术资料的借阅必须办理相关手续。

(3) 所有质量记录均须采用本企业的标准表格。

①设备运行记录、巡查记录、值班记录由工程维修主管填写保存。由工程维修人员实施保养、维修的设备，由保养维修人员填写记录；分包方实施保养维修的设备，由分包方填写《保养记录》和《维修记录》。

②工程维修人员对所在物业所有的《设备质量记录》应按时间顺序装订成册，专柜保存。

③工程维修人员应保存《Ⅰ、Ⅱ级设备维修记录》、《设备诊断记录》《设备完好率评定统计记录》。

相关说明					
编制日期		审核日期		批准日期	
修改标记		修改处数		修改日期	

年　月　日——　年　月　日

总结与提升：

第九部分　商业及商业综合体运作标准化

9.1　商业地产及商业设施分类

9.1.1　商业地产分类

商业地产分类

01　商业地产功能分类
- 商业经营类物业：商业街、百货商场、购物中心、超市、独立门市房、产权商铺、展览中心等。
- 办公用物业：写字楼、商住两用楼（SOHO式办公）、对外出租的政府办公楼等。
- 餐饮酒店类物业：餐饮、饭店、酒店、酒吧、快餐店、咖啡店、宾馆、旅馆等。
- 仓储、厂房类物业：仓库、储存罐、标准厂房、工业园区、物流港等。

02　商业地产类型细分

分类标准	类型	备注
功能类型	零售功能	百货商场、超市、家居、建材、商业街、批发市场、大型购物中心等
	娱乐功能	电影城、娱乐城、KTV、游乐园等
	餐饮功能	大中型酒店、中小型快餐等
	健身、休闲服务	运动会所、健康中心、美容中心等
消费内容	物品交易场所	为消费者提供购物场所，包含购物中心、家居建材、超市、商业街等
	服务交易场所	为消费者提供某种服务的场所，如餐饮、酒店类
	体验业态	为消费者提供身心体验，如娱乐、健身、美容、美发等场所
客户广度	大众客户类	面向所有社会的人群，为大众消费者提供服务，如超市、餐饮等
	小众客户类	面向社会的少数人群，如面向年轻他们的娱乐迪吧、面向中高收入的高级会所等
建筑形式	单体商业建筑	单一建筑体，独立于其他商业建筑
	底层商业建筑	如住宅底层商铺
	地下商业建筑	地下商业街，多由人防工程改造而成
	综合商业建筑	多种商业建筑的集合体，多种经营方式集合在一起
市场覆盖范围	近邻型	如小卖部、便利店、食品店、粮食店
	社区型	菜市场、超市等
	区域型	购物中心
	超大区域型	中心商业街
商店销售产品类型	综合商店	提供不同类型货品和服务的综合性场所
	服装和饰品店	服装城、服装批发市场、女装店、鞋店等
	家具家居用品店	家具店、装饰材料店等
	其他	书店、玩具店、箱包店、珠宝店和运动器材店
	便利店	包括超市、食品和药房

开发阶段: 　　　　　　　　　　年　月　日——　年　月　日

总结与提升:

9.1.2 商业设施分类

01 商业设施是一种通过顾客前来购物获取收益的专用设施，商业设施设计是建造一种便于销售和购物的设施。

02 商业设施的种类可分为综合店（购物中心、百货店、大型批发店）、饮食店（集中饮食店、快餐店、专营店）、营销商店（食品类、服装类、杂货类、家用类）。

03 商业设施按照选址可分为市区型、市郊型和观光地型。内容包括百货店、大型批发店、集中专卖店、集中餐饮店、购物中心等。

	商圈规模		店铺构成		停车能力
小型 （邻里型）	服务半径	1～2km	廉价市场 便民中心 专卖店	10～20家店	50～100辆
	到达时间	3～5分钟			
	服务人口	1万～2万人			
中型 （社区型）	服务半径	3～5km	超级市场 专卖店	20～40家店	300～500辆
	到达时间	5～10分钟			
	服务人口	5万～10万人			
大型 （地区型）	服务半径	10～20km	百货店 批发店 专卖店	2家 2家 100～200家	2000～5000辆
	到达时间	10～15分钟			
	服务人口	50万～100万人			
超大型 （超地区型）	服务半径	30～40km	百货店 批发店 专卖店	2～6家 2～3家 200～400家	5000～10000辆
	到达时间	20～30分钟			
	服务人口	200万人			

04 购物中心布局模式为利用步行道（mall）把若干个核心百货店连接起来，步行道的两侧是紧紧相连的专卖店、餐馆、银行、电影院、体育设施等。

9.2 大盘及大盘商业运作标准化

9.2.1 商业项目前期策划

（一）商业项目市场研究分析
【市场调研分析策略】
市场调研策略
　◆ 市场调研步骤
　　第一步：界定问题　　　　　第二步：寻求解决问题的方法
　　第三步：制定调研方案　　　第四步：进入现场或收集数据
　　第五步：整理和分析数据　　第六步：准备及呈送调研报告

开发阶段: 　　　　　　　　　年　月　日——　年　月　日

总结与提升：

- ◆ 市场调研分类研究
  - ★ 识别问题为目的的调研有助于确认潜在的可能发生的问题：
    市场潜力——攀升、下降；市场份额——扩大、缩小；企业形象；市场特征；招商与销售；市场趋势——短期与长期预测。
  - ★ 以解决问题为目的的调研步骤：
    市场细分的依据；确定细分的依据；确定各种细分的市场潜力；选择目标市场。
- ◆ 市场调研种类

调研种类	所需资料 研究范围
商圈研究	对项目所在的商圈做出基础研究，另找出商圈的辐射范围、业态情况、营业品种、商业租金水平、人流状况、交通状况及其购买力
消费者研究	对消费群结构、消费力分析、消费习惯、收入、偏好等作调研
投资客户研究	对投资客户投资的商铺，作基本调研，如营业时间、业绩、铺面状况等

- ◆ 确定市场调研的方法

调研方法	具体操作
直接调查	★ 直接与政府人士、房地产代理商、发展商、金融部门、行业协会、社会有关机构以及市场中的活跃人士广泛交流接触、询问、请教，以较快的速度获利所需的市场信息 ★ 通过这种方法取得的信息往往比较可信
间接调查	★ 通过报纸、报刊及其他媒体收集有关信息、发展动态、市场分析等材料 ★ 对这些材料要对比分析，去伪存真
直接征询	★ 把要咨询了解的问题编制问卷、填写 ★ 注意对象的选择，要合理选择各阶层不同年龄、文化、收入层次的被访人员，使调查具有代表性 ★ 这种方法也可以街头随机寻访或在展销会上作问卷调查 ★ 这一方法的难度相对较大，但获得的信息具有较强的参照性，对项目的定位和营销的制定很有意义
现场踩点调查	★ 调查人员以买楼者身份直接进入销售现场，通过索取楼盘资料，听售楼员介绍，实地调查观察，从而获得资料 ★ 注意楼盘资料和售楼员介绍是否有夸大和不全之处，不要为其表象迷惑 ★ 尽可能通过参观楼盘、施工现场及其他途径从侧面，内部人员和一些已购房人士作深入的调查，增大调查结果的可靠程度

【调研分析执行】

商业项目宏观经济环境分析

★ 人口因素分析　★ 经济水平、全国 GDP 状况分析　★ 政策法规
★ 市政规划和建设　★ 社会环境及文化分析　★ 交通状况

商业项目区域市场总体分析

01　项目所在城市商业环境分析

包括本市国民生产总值、GDP 状况、生活水平、购买力、经济发展速度、人口及人口增长率等，对区域商业地产市场发展的影响分析以及本市商业发展情况、发展模式、商业结构分布、商业消费特征等的分析。

开发阶段: 　　　　　　　　　　　　　　　　年　月　日—— 　年　月　日

总结与提升:

02 项目所在区域商业环境分析
- ★ 区域商业现状调查分析
- ★ 区域整体商业市场态势分析
- ★ 区域内行业情况分析
- ★ 区域内商户调研分析
- ★ 区域内终端客户分析
- ★ 区域竞争项目调查
- ★ 未来3～5年城市发展方向及项目区域地位预测

03 项目所在商圈及竞争商圈分析

◆ 商圈分类

分类方法：一是以顾客密集度来界定，二是以顾客到店时间来界定。

第一种分类：此类商圈由核心商业圈、次级商业圈和边缘商业圈构成。

核心商圈：是最接近零售店的区域，顾客密度最大的区域，是主要商圈。核心商圈的顾客占55%～70%。

次级商圈：是次于邻近商圈以外的区域，顾客密度较小。次级商圈顾客占15%～25%。

边缘商圈：位于外围商圈以外的区域，顾客最少密度亦最小，除核心商圈和次级商圈之外，其余为边缘商圈的顾客。

居民区方便店几乎没有边缘商圈的顾客。而位于商业中心的零售店，核心商圈的顾客密度较小，并不是商圈的主要组成部分，次级商圈和边缘商圈的顾客密度大。大型零售店，边缘商圈的顾客往往最多。

第二种分类：此种商圈按照顾客来店所需的时间来计算区分。按照这种方式，商圈可以分为徒步圈、骑车圈、乘车圈和开车圈。

商圈分类	定义	时间距离	地理距离
徒步圈（第一商圈）	走路可忍受的范围或距离	单程以10分钟为限	500米以内
骑车圈（第二商圈）	骑自行车所能及的范围或距离	单程以15分钟为限	2000米以内
乘车圈（第三商圈）	公共汽车所能及的范围或距离	乘车10分钟左右	5000米以内
开车圈（第四商圈）	开车经过普通公路、高速公路来此消费的客群（回头客或慕名而来）		

商圈集中、辐射半径小的商圈，一般规模小，潜力受限制，顾客购物频率高；辐射半径过大的商圈，一般要得到市场对客户吸引力的难度较大。

◆ 商圈分析步骤
- ★ 第一：确定资料来源，包括销售记录分析、邮政编码分析、调查等；
- ★ 第二：确定调查的内容，包括平均购买数量、顾客集中程度等；
- ★ 第三：对商业圈的三个组成部分进行确定；
- ★ 第四：确定商圈内居民人口特征的资料来源；
- ★ 第五：研究商圈内居民的消费特征；
- ★ 第六：分析竞争对手与市场其他情况；
- ★ 第七：根据上述分析，确定是否在该商圈内营业。

最后要确定项目的区域和具体地点。

开发阶段：　　　　　　　　年　月　日——　年　月　日

总结与提升：

- 商圈分析的内容
    - 城市发展状况：GDP 指数，人口分布，产业结构等等。
    - 区域商贸状况：商品交易状况、恩格尔系数、居民收入及消费构成。
    - 人流研究：包括垂直人流及水平人流，研究范围包括：人流量、停留时间、每次消费金额、对不同类别的需求（吃、喝、玩、乐）等。如北京市场每次单店购物达100万元，而在广州只有10万元，不同城市每次消费金额相差悬殊。
    - 商圈辐射范围：一级商圈、次级商圈辐射范围，商圈内的其他竞争项目等。

  新设商业项目确定商圈主要根据当地市场的销售潜力分析，可获取的包括城市规划、人口分布、住宅小区建设、公路建设、公共交通等方面的资料，预测本项目将来可以分享的市场份额，从而确定商圈规模的大小。

- 商圈容量测算

  在一定经济区域内，以商场或商业区为中心，向周围扩展形成辐射距离，对顾客吸引所形成的一定范围或区域的最大容量。

  测量商圈饱和度，使用比较广泛的是饱和度指数，其公式为：

  $$IRS = (C \times RE) \div RF$$

  其中，IRS 为饱和度指数，C 为顾客总数，RE 为每一位顾客的平均购买额，RF 为商圈内商场的营业面积。

目标客户的研究分析

- 目标客户经营范围分析：百货店、大连锁店或快餐集团的个别需要。
- 目标客户投资动向分析：投资类型、租金范围及交纳方式等。
- 目标客户对商业的需求分析：对各种类型商家的特点的分析；对各种类型商家的选址要求的分析；各种不同商业种类的承租能力及对承租面积的要求；各种不同商家对商场配套要求等的分析。
- 目标客户商圈内经营状况分析：经营时间、营业时间、经营业绩等；
- 目标客户抗经营风险能力分析。
- 目标客户品牌分级研究。

消费者总体研究分析

01 消费水平调研
- 消费习惯：考虑南北地域差异性，不同宗教、民族、年龄、性别等；
- 逛商场频率：是影响商场人流的关键；
- 偏爱商场：寻找出消费者偏爱程度高的商场吸引点及其原因；
- 对项目商圈评价：区域商品价格、对商场满意度等；

02 消费结构调研

  如何在第一时间有效捕捉未来商业地产消费者消费结构的变化，是消费结构调研的重中之重。

03 本商圈消费群结构。

- 本商圈消费群结构分析。

开发阶段: 　　　　　　　　　　　年　月　日——　　年　月　日

总结与提升:

- 本区域消费群结构分析：基本人口状况；人流量分析。
- 消费群结构分析：抽样数据整理；抽样取数方法。

04 消费力分析
- 本商圈消费力分析

项目	市场	低收入	中等偏下	中等	中等偏上	高收入
本组最低人均年收入（元）						
本组最高人均年收入（元）						

根据本商圈常住人口的结构特色和基本收入情况，确定该商圈的参考收入数据。
- 本地域消费群和消费行为特点分析

	高级消费群	中高级消费群	中高级灰领消费群	中低档消费群	其他消费群
家庭人均收入	5万以上	4万～5万	2万～4万	2万以下	
占本区域消费群的百分比					
消费行为特点					

- 应同时考虑的及影响本地消费群行为的重要变量
  - ★ 年龄 ★ 性别 ★ 收入水平 ★ 文化水平
  - ★ 接受时尚信息程度 ★ 家庭的满巢信息程度
- 区域（商圈）消费力分析
- 区域消费力分析及结论

竞争商圈研究分析

01 竞争商业项目现状调研分析
面积、特色、经营范围、业态、主要客户、辐射范围、主题概念、功能区划、业态组合、工程进度、配套、现场包装、媒体选择、广告效率、售价、租金、招商率、商户组合、经营状况、物管等分析。

02 竞争商业项目总体分析
资金实力、性质、优劣、劣势等的调研；

03 项目所处区域市场价格风险分析
- 最低价格分析
按边际理论，当供应过大、价格跌破成本后，即停止供应，直至价格回升；
- 最低风险价格选择
  ★ 成本价的张力分析见下表

成本定价	元/m²
成本价折算最低租金	元/m²·日
购买人均支付额	元/人
进入商场人均购买比例	
商业人流量与商业面积比	人/m²·日

开发阶段: 　　　　　　　　　　　　　年　月　日——　年　月　日

总结与提升:

张力构成比＝实际商业人流量与商业面积比／可维持成本租金最低人流与商业面积比
- 最低惯性的张力分析

  最低租金价格惯性＝构成比 × 日成本租金价 ×30 天

项目的SWOT分析
- 本项目所在地块在城市发展中的地位、现状及前景分析
- 本项目所在区域经济发展状况
- 本项目所在街区的经济发展状况及商业机会分析
- 地块大小、地理位置、地貌特点
- 地块基础设施及交通条件
- 地块区域商业开发的特点
- 周边生活及商业配套研究
- 项目地块的优势分析
- 项目地块劣势分析
- 项目地块的风险分析
- 项目地块的机会把握
- 项目 SWOT 综合分析

未来3～5年商业走势预测分析

通过对未来 3～5 年整体商业环境及项目所在地商业市场的预测来决定现阶段商业项目的策划方向。提前向开发商、经营者、投资者、消费者展示潜力巨大的商业模式。

（二）定位分析

【战略性总体定位】

【商业定位】

01　业态定位

百货店、超级市场、大型综合商场、便利店、专卖店、购物中心、仓储商店、家居中心等。
- 业态定位模式
  - 项目整体功能组合设计、单层功能组合设计
  - 从商圈的融合性上对业态合理选择搭配
  - 从项目整体需求上对业态合理定位
  - 从控制内耗的角度上对业态合理界定
  - 从各业态商家对楼层、位置、进深、面宽等要求上对业态合理调整
  - 从各商家经营特点上对业态合理调整
- 以需求界定业态功能组合模式：
  - 从经营商家需求界定；从消费群需求上界定；从市场竞争上界定。

02　主题定位

确定独特的主题理念，是项目后期招商的灵魂。

开发阶段: 　　　　　　　　　　　　年　月　日——　　年　月　日

总结与提升:

03 目标市场定位

目标市场定位包括对项目要服务的对象即经营者、投资者的定位。

04 功能定位

- 购物功能：体现于商场商品品种、档次上，购物功能是商场最基本功能；
- 休闲功能：在现代大型商场中，休闲功能往往被当做商场的附加功能加以设置；
- 娱乐功能：体现于各类游玩活动，如电玩、电影城、儿童游玩区等；
- 服务功能：主要体现于商场的物管和商场客户经营主体服务两方面。

05 形象定位

商场的形象定位，实际上是商场经营企业的形象定位。

06 档次定位

- 项目所面对的消费与经营品牌的档次，这是由所服务的消费者决定的。一般来说可分为高级、中高级、中档、大众化等几种档次；
- 其中品牌店的组合差异性对项目经营中的消费人群、消费档次、建筑风格和经营风格影响很大。

07 价格定位

- ★ 法则一：纵向定价波动大。
- ★ 法则二：楼层越高，商铺租金要相应降低，甚至要成倍的下降。
- ★ 法则三：商场楼梯口的商铺的租金要比其他位置的高。

08 经营方式定位

三大主流经营方式解析	
经营方式	经营特点
自营	★ 购销：商场自行进货，自行销售，自担经营风险 ★ 保底抽佣：商场将场内一定面积的铺位或专柜交由实际用家经营，商场按该铺位或专柜销售额的一定比例抽取佣金 ★ 纯分成：商场将场内一定面积的铺位或专柜交由实际用家经营，商场按该铺位或专柜销售额的一定比例定期抽取佣金，双方不约定最低销售保底额，共同经营，共担风险
招租	商场将场内一定面积的铺位或专柜出租给实际用家，商场获租金收益，铺位或专柜的实际用家负责经营，获取经营收益，承担经营风险
委托管理	投资者将商业物业委托商业管理公司全权经营，投资者获得稳定的租金回报，而商业管理公司从中收取一定比例的管理费用

- 商业项目经营方式定位要点
    - ★ 要点一：投资资金回笼收期预测
    - ★ 要点二：项目收益效果预测
    - ★ 要点三：经济走势分析
    - ★ 要点四：风险比较分析
    - ★ 要点五：统一管理

09 动态定位

- 招商与定位互动——客户

总结与提升：

- 定位与设计互动——建筑
- 定位与市场互动——变化

(三) 商业项目规划设计分析

【商业项目规划的市场依据】
- 依据一：市场调查
- 依据二：商家的需求
- 依据三：超越时代消费者需求

【规划理念】
- 第一：符合大型商业项目的选址规律，即大规划上要有可行性；
- 第二：有具体的主题功能区；
- 第三：规划理念具有超前性、市场性，与消费者消费心理为规划的主导核心。但不能脱离消费者的消费习惯与人的购物心理来做规划理念。

【产品高层总体形象设计】
- 要点一：楼层设计与业种组合
- 要点二：以业种定位作支撑点
  产品档次；主题形象。

【项目规划概念设计】

01 空间布局

空间设计六原则：
- ★ 商业空间步行化   ★ 商业空间室内化   ★ 公共空间社会化
- ★ 有限空间利益最大化 ★ 商业空间的休闲化 ★ 商业环境的个性

- 商业项目平面设计建议
- 公共空间设计建议
- 开间设计建议
- 中庭空间设计建议
  - ★ 中庭空间的功能组合；
  - ★ 中庭空间的造型与交流；
  - ★ 从不同的层面同时引入人流；
  - ★ 垂直交通工具；
  - ★ 景观的垂直吸引力。

购物中心空间设计		
空间类型	空间设计特点	经典设计借鉴模式
平面型	突出整体性、文化性和时代性，其结构设计分为内环室内步行街和外环室外步行街	新上海商业城
立体型	突出引导和组织人流垂直运动的科学合理性，设计的焦点是以有限的用地面积创造宽敞的理想空间效果	北京新安东

开发阶段：　　　　　　　　　　　　　年　月　日——　年　月　日

总结与提升：

- ◆ 内部庭院空间设计建议
  - 要点一：和谐性与均好性
  - 要点二：与市场互动
- ◆ 外部空间广场规划设计思路
  - 思路一：注重互动性
    - ★ 商场与广场互动
    - ★ 多样化活动互动
  - 思路二：以人为本
  - 思路三：设计流畅空间
  - 思路四：自然导入
  - 思路五：统一主题
  - 思路六：无障碍空间设计
  - 思路七：遵循"共生"与"冲突"并存的建筑理念
  - 思路八：强化四维空间设计
    - ★ 商场经营外延导入
    - ★ 最佳整体规划
    - ★ 有效界定范围

02　建筑细节设计

- ◆ 内墙、地面设计技巧
  - 要点一：注重与灯饰、天花的协调
  - 要点二：墙、地面色调与商场风格一致
  - 要点三：材料正确选取
  - 要点四：地、墙面的图案选择
- ◆ 小品设计技巧
  - 技巧一：风格确立原则　　技巧二：避免扎堆、重复
- ◆ 商场室内灯饰设计要点
  - 要点一：与区域气候环境相结合　要点二：与商场结合
  - 要点三：与业种结合　　　　　　要点四：与功能结合

03　交通组织设计

- ◆ 商场电梯布局规划要点
  - 要点一：扶梯布局
  - 有效运载；避免电梯口人流堵塞；"右上左下"规则。
  - 要点二：垂直电梯布局
  - 货人分流；专用通道设置；观光梯应用。
- ◆ 走道设计要点
  - 要点一：脉络清晰；要点二：与指引标志结合；要点三：合理设置宽度。
- ◆ 配套布局
  - ★ 洗手间布局要点：
  - "隐性"布局；采用回避法；确定数量。
  - ★ 休闲椅布置建议

开发阶段: 　　　　　　　　　　　年　月　日——　　年　月　日

总结与提升:

休闲椅布置三忌	
一忌：与垃圾桶相邻	休息椅布置避免与垃圾桶太近，一般与垃圾桶相距约 5～10 米间
二忌：阻碍人流	休息椅的布置要避免占用过多空间，阻碍行人，形成间接阻塞
三忌：无规则设置	休息椅布置时，要通过有序规则布局，避免零乱，影响商场美观

★ 垃圾桶位置设置要点：

商场垃圾桶位置设置	
要点一	电梯口侧，避免电梯内垃圾的积累，保证电梯的清洁
要点二	过道拐角处，方便
要点三	洗手间内

【景观概念设计】

01 环境规划

- ◆ 包括商业项目整体环境的规划、室外环境的规划、室内环境规划、空中环境规划。
- ◆ 商业区的景观形态特征是以商业为主，兼以大量人流，五光十色，由人群、室外空间场所，商业建筑要，娱乐设施，广告，绿化，交通等组成。
- ◆ 商业区的景观空间与环境、景观相结合，应适当增加活动内容、娱乐设施，增加文化方面的内容。

02 景观设置

室内景观设计与室外景观设计需要相互协调，实现景观的最大延伸，把室内热闹精彩及良好的购物氛围通过外延的放大处理达到效果最大化，而室外独具特色的景观设计也为整个商城提供娱乐休闲的场所。

【项目建筑产品概念设计】

01 立面处理

- ◆ "三合四性"外立面设计准则：

  ★ 原则一：三结合

  与定位结合；与商场特色结合；与区域环境结合。

  ★ 原则二：四性

  创新性；协调性；综合性；超前性。

商业项目外立面设计四大组合元素	
元素	设 计 要 点
朝向	南向和东向的立面光照充足，墙面宜采用淡雅的浅色调，北向或光照不足的外墙，墙面应以暖色为主，如奶黄、橙、咖啡色等，不宜用过深色
表现主题风格	在外立面设计中，表现风格是中心，外立面色调的选用、造型的确立等都以此为出发点
外部环境	自然环境，如地形、气候、花木等 人造环境，如广场、喷泉、假山、雕塑等
色彩	颜色是表现风格的重要辅助手段，尤其是在调动人的情感方式它具有重要作用。一方面，色彩可以弥补建筑材料原始质感和自然机理在调动人的感官方面的不足；另一方面，它又可以通过抽象手法，直接表达出一种风格

开发阶段: 　　　　　　　　　　　　　年　月　日—— 　年　月　日

总结与提升：

02 铺面设计

◆ 面积配比

原则一：面积按定位划分　　　原则二：实用率适中

商业项目规划设计建议：

- 从市场的角度给予专业的、符合各级经营商家要求的建议；
- 从消费角度给予最能有效聚集人流的规划设计建议；
- 从宣传角度给予效果、收益最大化及切合主题概念的外立面设计建议；
- 从经营的角度提出保持旺场的规划设计建议；
- 从发展商利润最大化角度，给予专业建议，如一层的回旋设计，二层借力设计；
- 从消费人性化角度提出设计建议，如消费者步行时间设计、消费者购物路线设计、消费休闲空间设计、消费者可达性设计等。

（四）商业业态组合规划

01 业种选择

◆ 业种选择要按照市场需求的原则来进行，而不是越大越好，品牌越响越好。要根据项目自身的定位、市场需求等来确定。

必要条件一：两个以上主力店

必要条件二：品种功能一站到位

必要条件三：高度专业化、差异化

　　★ 高度特色专业化
　　★ 错位经营差异化

02 业种组合

◆ 业种规划组合原则

原则一：业种的区域需求量确定原则　　原则二：业种种类设置原则
原则三：业种有机组合原则　　　　　　原则四：引导循环消费原则

◆ 业种组合比例

　　★ 业种组合目标：

给顾客生活带来便利；能满足顾客生活必需；让顾客买起来方便和愉悦。

　　★ 实现"丰富有弹性的"商家组合配置

整合一："主力、关联、补充，"分类不分家

整合二：制造百分百弹性组合

业种组合三大模式	
业种组合模式	组合特点
互补式	按照商场商品的不同属性，以互相补充为原则进行业种规划，如食品与日用品等不同业种相互补充
填充式	在某个范围下，属同种业种，但另一种是作为填充作用。如手机与手机饰品、电池等搭配
混合交叉式	商品品种多，品牌齐，形成交叉混合业种组合

开发阶段: 　　　　　　　　　　　　年　月　日——　　年　月　日

总结与提升:

03　业种功能分布

　　技巧一：激发消费欲望
　　技巧二：结合业种特点及购买规律
　　技巧三：主力店优先，辅助店随后

04　业种品牌布局

- 品牌的组成包括：要素品牌、侧重品牌、品牌扩充等。
- 品牌组合要达到的效应
  - ★ 通过业态组合，形成项目经营品种的完整性；
  - ★ 对品牌进行布局分区，形成各自的主题广场系列；
  - ★ 引进每种业态新的品牌商家或领头羊的品牌商家
  - ★ 品牌商家的业态组合，形成自身的经营卖点；
  - ★ 通过品牌商家的业态组合，形成项目人流动线的合理规划；
  - ★ 通过品牌商家的合理布局，吸引客流的步行最大化流向；
  - ★ 对品牌商家的业态整合，形成 1＋1>2 的品牌凝聚效应；
  - ★ 前期对依托品牌商家的品牌辐射力，形成项目的前期核心吸引力；
  - ★ 把品牌商家的个体品牌嫁接为项目的强势品牌，最终形成项目持续经营的核心竞争力。

- 品牌组合步骤：
  第一步：决定哪个品牌应该包括在内；
  第二步：以五个问题来检验，将每个品牌分类；
  - ★ 这类品牌在本项目所要描绘的品牌组合中，对经营商家及顾客的购买决策有多重要？
  - ★ 正面或是负面的影响？
  - ★ 这类品牌在组合中相对于其他品牌，是什么样的市场定位？
  - ★ 这类品牌跟组合中的其他品牌有什么样的联结？
  - ★ 本项目对这品牌有什么样的控制？

  第三步：根据对这些问题的回答来完成整个品牌组合，实现成功招商；

05　楼层主题设计——举例说明

楼层主题分布方案	
地下层	大型综合超市
一、二层	主力百货商家、专业超市、各类品牌专卖店、首饰、化妆品等
三层	数码城
四层	家居城
五层	书城、文化廊
六层	美食城
七层	名品打折专区、折扣商品区
八层	影城、娱乐城、连锁俱乐部
九层	室内公园

开发阶段: 　　　　　　　　　　　　年　月　日——　年　月　日

总结与提升:

(五) 商业项目全程经济分析

【指标测算】

01 商业项目经济指标测算
- ◆ 商业项目的现金流分析
  - ★ 扩大指标估算法
  - ★ 分项详细估算法

02 商业项目财务净现值
- ◆ 项目按基准收益率 IC 将各年净现金流量折现到建设起点的现值之和，它是评价项目盈利能力的绝对指标，反映项目在满足基准收益率要求的盈利之外所获得的超额盈利的现值。
- ◆ 也可直接利用微软 EXCEL 软件提供的财务净现值函数计算。若得到的 FNPV $\geq$ 0，表明项目的盈利能力达到或超过基准计算的盈利水平，项目可接受。

03 商业项目动态投资回收期
- ◆ 投资回收期是指投资引起的现金流入累计到与投资额相等所需要的时间。
- ◆ 回收期 = 累计净现金流量开始出现正值年份数 - 1 + 上年累计净现金量的绝对值 / 当年净现金流量。
- ◆ 投资回收期越短，表明项目盈利能力和抗风险能力越强。

04 商业项目内部收益率
- ◆ "逐步测试法"，首先估计一个贴现率，用它来计算方案的净现值，结果净现值为正数，说明方案本身的报酬率超过估计的贴现率，应提高贴现率后进一步测试，如果净现值为负数，说明本身的报酬率低于估计的贴现率，应降低贴现率后进一步测试，寻找出使净现值接近于零的贴现率，即为方案本身的内部报酬率。

【商业项目投资分析评估】

01 项目的盈亏平衡分析

研究如何确定盈亏临界点有关因素变动对盈亏临界点的影响等问题。根据项目正常生产年份的产品产量（销售量）、固定成本、可变成本、税金等，研究建设项目产量、成本、利润之间变化与平衡关系的方法。当项目的收益与成本相等时，即为盈亏平衡点。
- ★ 盈亏临界点销售量 = 固定成本 / 单位边际贡献率
- ★ 盈亏临界点销售额 = 固定成本 / 边际贡献率 / (1 - 销税率)
- ★ 盈亏临界点作业率 = 盈亏临界点销售量 / 正常销售量 ×100%

02 项目敏感性分析
- ◆ 研究商业的产品售价、产量、经营成本、投资、建设期等发生变化时，项目财务评价指标（如财务内部收益率）的预期值发生变化的程度。

03 风险决策分析
- ◆ 投资风险分析后的决策分析，依赖于前面的所有的经济分析。根据一系列专业的经济分析为项目提供投资风险决策分析，为项目实现赢利打下基础，提供保障。

开发阶段:　　　　　　　　　　　　　　　年　月　日——　年　月　日

总结与提升:

9.2.2 商业项目营销模式

商业项目招商

01 商业项目招商

02 项目招商全程工作建议

03 项目年度招商推广建议
- ★ 招商目标
- ★ 推广原则
- ★ 价格策略
- ★ 传播策略
- ★ 招商阶段划分
- ★ 各阶段策略与具体执行
- ★ 广告费用以及分配

04 规划及产品力优化、提升建议
- ★ 规划总体提升建议。
- ★ 规划要点优化建议。
- ★ 建筑立面建议:立面风格、建筑用料、立面及屋顶处理。
- ★ 内部间隔建议:间隔配比、功能划分。
- ★ 人流动线建议:垂直交通、平面交通规划建议。
- ★ 项目装修建议:装修风格,氛围营造。
- ★ 园林设计建议:园林风格。
- ★ 经营管理建议:内容设定、合作模式。
- ★ 智能化建议:智能体系。

05 项目公开招商策划方案与现场包装建议
- ★ 公开招商时间建议
- ★ 公开招商主要工作建议
- ★ 公开招商流程的建议
- ★ 公开招商单位的建议
- ★ 现场公关活动建议
- ★ 现场工作人员建议
- ★ 项目招商中心包装建议
- ★ 项目现场包装建议
- ★ 施工环境及样板铺包装建议
- ★ 媒体组合、投入频率、投放预算、投放计划的执行和编制建议

06 公开招商广告设计建议
- ◆ 主要工作为:
  - ★ 提交项目公开招商广告方案建议
  - ★ 公开招商执行方案及招商现场包装建议
- ◆ 具体内容主要包括:
  - ★ 各类招商资料的设计(楼书、单张、展板、招商资料、合同、投资手册、礼品等)建议
  - ★ 项目招商夹报、海报设计建议
  - ★ 项目公开招商的系列报纸广告设计建议
  - ★ 项目杂志广告设计建议
  - ★ 项目围墙广告设计建议

开发阶段: 　　　　　　　　　　　年　月　日——　　年　月　日

总结与提升:

- ★ 媒体楼书创意设计建议
- ★ 影视广告创意（形象片、广告杂志、促销片、功能片）建议
- ★ 电台广告创意建议
- ★ 户外广告创意（路牌、车身、灯箱、指示牌等）建议

07 招商环境标准的拟定
- ◆ 招商中心由开发商、策划公司、环境设计单位共同确定。
- ◆ 三方明确项目的进展情况以及项目公开招商所必须具有的工程进度和现场环境的配合。
- ◆ 确定招商现场中心的设计。

08 招商队伍组建与培训
- ★ 招商队伍的组建
- ★ 培训工作的开展

09 招商策略
- ◆ 招商前的战略准备
  - 第一步：再次成本预算
  - 第二步：根据金融情况确定出租方式和策略；
  - 第三步：业态再次定位
  - 第四步：确定招商客户范围
  - 第五步：筛选主力商户
- ◆ 招商流程
  招商策划、信息收集、双方接触、洽谈、签约、投资方筹备、开业。
- ◆ 招商策划的程序
  确定目标；广泛搜集各方面资料；制订招商方案；比较选择种类方案；方案的实施；方案实施后的跟踪和反馈；招商洽谈；了解商家的意图、目的、策略；及时总结经验教训。

10 商场顶层招商战术指导
- 战术一：形成互补效应　　战术二：运用专业化
- 战术三：竞争差异化　　　战术四：强调品牌店

商业项目销售策略

01 销售推广策略
- ◆ 项目总体销售战略
  销售目标、销售模式、品牌培育与管理、投资收益与风险分析
- ◆ 项目销售战术
  卖点设计、销售进度设计、广告跟进策略、媒体选择、销售组织与管理

02 项目销售实施全程建议
- ★ 销售前期准备要素　　★ 销售机构设置安排
- ★ 销售人员招募与培训安排　★ 销售成本投入及档期安排
- ★ 销售广告表现与档期安排　★ 销售控制计划

总结与提升：

9.2.3 商业项目经营管理

01　开业旺场策略
- 一个商场式物业经营的成功与否,最关键是能否按原有拟定的经营种类,商铺全部开张营业。

02　经营管理策略
分散产权、统一管理;只租不售、统一经营管理;先管理后出售。

03　经营管理病症解决
- 经营模式单一,无特色
  解决方法:差异化战略;专业化发展
- 场内热度失衡
  解决方法:从规划上入手,把主力店带来的人流充分地引入到商业卖场中,以此来全面提升整个项目的人气值。
- 写字楼、群楼高层商铺出手难
  解决方法:从经营思路的改变开始;从事商业项目的开发必须要有专业人员进行论证,从项目的最初定位、规、建设到后期的招商、经营和管理,都必须要具备专业的指导和操作。
- 产权分散、经营乏力
  解决方法:统一经营、统一管理

04　商场可持续经营策略
策略一:不断谋求业态突破
策略二:管理者与经营者双赢策略
策略三:优质系统的管理

05　品牌维护和提升
从品牌核心价值的提炼到品牌维护到对品牌危机的解决形成一整套模式,帮助地产项目乃至经营商家达到品牌的"草原现象",于无形中茂盛生长。

9.3　社区商业标准化

9.3.1　社区商业的定义及类型

01　社区商业的定义
- 社区商业是指以地域内和周边居民为主要服务对象的商业形态。
- 服务人口一般在5万人以下,服务半径一般在2公里以内。

开发阶段：　　　　　　　　　　　　　　　年　月　日——　　年　月　日

总结与提升：

02　社区商业的类型

分类	类型	备注
商住比例	外向型	社区商业面积与住宅面积比为5%~11%。商业体量较大，需要外部较大规模消费群来支撑商业的正常经营，需要周边环境能够提供足够的人流和良好的商业氛围
	偏外向型	商业面积和住宅面积比为2%~5%。正常经营主要依赖于本社区居民的需求，商业规模上不能追求巨大化，否则市场难以消化
	内向型	商业与住宅面积比在2%以下，完全依赖本社区居民的需求，商业规模据社区人口规模变化，一般情况下本社区人口规模足以支撑商业的正常经营
交通时间	社区商业	51015原则：居民出家门步行5分钟可以到达便利店，步行10分钟可到达超市和餐饮店，步行15分钟可到达社区购物中心
服务规模	便利级商业	一般3000m^2以下，由一组小店或集中在一起的一个大集成店组成，包括便利性零售、服务、餐饮等店铺，服务人口一般在3000人以下
	邻里级商业	一般3000~20000m^2，以超市为主力店，包括便利性零售、服务、餐饮等店铺，服务人口一般在3000~50000人
	社区级商业	一般20000~50000m^2，以生活百货或大卖场为主力店，辅助其他专业、专卖、餐饮和服务，服务人口一般在50000~150000人
社区规模	小型社区	人口规模：300~700户（组团，相当于居委会管辖规模） 人均商业面积：0.6m^2/人以下 可设定商业层次：便利商业组合，个别交通条件特别优良者可考虑形成商业街区 交通时间：步行5分钟内，如形成商业街区可考虑步行10分钟内 功能：服务为主，便利性商品和服务，便捷性餐饮
	中型社区	人口规模：2000~5000户 人均商业面积：0.6~0.8m^2/人 可设定商业层次：便利商业组合+商业街区或邻里购物中心（交通条件优良者可考虑形成商业街区） 交通时间：步行10分钟以内 功能：日常性服务与商品并重，便捷性餐饮并可结合部分中式正餐，可考虑建设社区商业中心
	大型社区	人口规模：1~1.5万户（相当于街道办事处管辖规模） 人均商业面积：0.8~1.2m^2/人 可设定商业层次：便利商业组合+(商业街区)+社区商业(邻里购物中心或社区购物中心)，交通条件优良者可考虑形成商业街区 交通时间：步行15分钟以内 功能：可考虑建设全方位服务和商品的社区商业中心的设置，并考虑休闲娱乐类商业的补充，餐饮全业态引进
建筑形式	底商型商业	
	裙房型商业	
	独立型商业	
布局	散点式商业	
	商业街型	
	购物中心型	
	散点式商业	
位置	内部型商业	
	外部型商业	
	兼有型商业	

开发阶段: 　　　　　　　年　月　日——　　年　月　日

总结与提升:

9.3.2　社区商业的定位策划

01　规模定位

考虑因素:
- ★ 区域的商业市场容量;
- ★ 市场整体租售状况对项目规模的影响;
- ★ 项目的商业属性（外向型、中间型或内向型）;
- ★ 主力店的带动效应（一般主力店与其辐射区域面积比为 1:1.5）;
- ★ 竞争性项目对项目规模的影响;
- ★ 市政规划对项目片区商业规模的影响;
- ★ 项目自身条件对规模的影响等等。

02　市场定位

- ◆ 功能定位:按商业辐射程度分为辐射型社区商业、中间型社区商业、内部型社区商业;
- ◆ 业态类型:日常生活消费、社区配套、餐饮、休闲、娱乐、专业市场等,但社区商业中定位为专业市场的商业较少;
- ◆ 形象定位:低档、中低档、中档、中高档、高中档、高档;
- ◆ 名称建议（据综合项目所处区域、项目自身特点、开发商名称等来确定）。

03　主题形象定位

商业的主题形象定位主要考虑的因素:
住宅楼盘的整体风格;项目片区的整体氛围;主题营造的可实现性等。

04　业态组合规划

- ◆ 超市、餐饮、便利店、服务配套、美容、服饰精品、生活家居和休闲八大类业态构成了社区商业的基础业态。
- ◆ 业态组合规划原则:
  - ★ 超市、餐饮和服务配套是社区商业的三大基本业态;
  - ★ 租金收益的最大化,位置较好的铺位优先考虑承租能力较高的业态;
  - ★ 是否具有招商的可执行性,符合项目实际情况;
  - ★ 能否在项目目前条件下开业经营,培育商业氛围;
  - ★ 符合商铺建筑设计技术指标。

05　大盘项目配套业态开发引入顺序

- ◆ 商业配套的四个阶段
  最基本的生活→配套升级型生活配套→特色配套带动→区域配套跟进
- ◆ 大盘项目业态开发引入顺序
  1～5 期商业需有完善的社区配套→2～3 期需聚集人气的特色配套→5～6 期区域配套持续跟进。
- ◆ 四大配套等级业态
  基础生活配套业态;升级型生活配套业态;
  特色商业配套业态;区域商业配套业态、

开发阶段:　　　　　　　　　　　　　年　月　日—　　年　月　日

总结与提升:

06 租售定位
- 若希望短期回笼资金，则建议尽可能的销售；
- 若有条件长期经营并希望作为自有的品牌来打造，则建议以租为主；
- 若希望短期回笼资金，同时兼顾品牌的打造，则通常建议只售价值较高的街铺，而主力店及内铺只租。大中商业（1000平方米）原则上先租后售。
- 项目的租售前景预判。

07 价格定位
- 租金定位
  整体区位；商业氛围；人流量；主力店；交通条件；
  发展商实力；规模主题；升值前景。
- 售价定位：目前主要有两种方法对售价进行定位，即市场比较法和收益还原法。

9.3.3 社区商业的分布特点

01 社区商业的分布类型

类型	案例	优点	缺点
圈地街铺型	美丽365花园、锦绣江南招商海月花园、阳光棕榈园	商业体量可以较大限度的扩大，展示面较长，可视性佳，较有效地吸引外部的消费者，对外性较强，在一定程度上利于商业的销售	商业规模较大，不利于业态的控制，如果出现街铺空置的情况，对社区整体形象有较大的负面影响
入口街铺型	凤和日丽、万科四季花城、蔚蓝海岸	有利社区居民的购物消费，街铺商业价值较高	一定程度上限制了商业的规模扩大，且展示面不长，可视性不强
入口集中型	星河湾、凤凰城祈福新邨、皇御苑	将商业独立于住宅区，减少商业对居住的影响，同时，在一定程度商业利于商业规模的扩大，易于形成规模效应，带旺整个社区商业	商业较集中，弱化了社区商业的便利性特点，有时不方便居民的购物消费
以点带面型	海滨广场	商业较分散，在一定程度上方便居民的购物	商业较分散，难以形成规模效应

 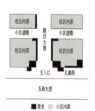  

圈地街铺型示例：锦绣江南　　入口街铺型示例：万科四季花城　　入口集中型示例：星河湾　　以点带面型示例：海滨广场

02 社区商业各业态的分布特点
- 在商业布点时，可优先考虑体现居民生活便利的业态；
- 餐饮等业态有噪音、卫生等问题，在规划业态时应避免影响到社区居民的正常生活；
- 对位置要求不高的业态可规划在相对较偏的位置。

开发阶段： 年 月 日—— 年 月 日

总结与提升：

03 人流动线规划

- 在社区商业的人流动线中，一般存在人流的集散中心，目前主要表现为两种形式：人流焦点和人流端点。
  - ★ 人流焦点一般位于社区主出入口或商业主力店，是人流集散地，具唯一性，一般情况下，人流焦点人流较密集，具有凝集人流的作用。
  - ★ 人流端点一般位于社区出入口和商业的主力店，是拉动人流的关键，可以并存多个，有效地提升人流流动频率。

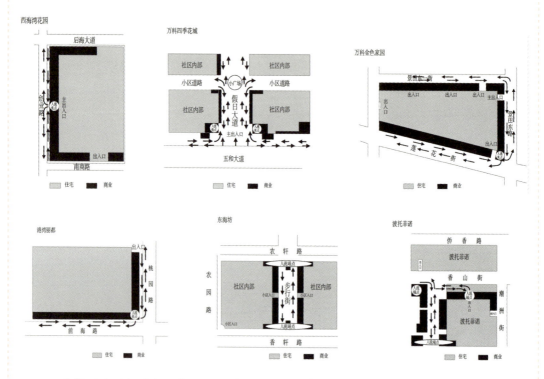

- 在深圳典型社区商业中，人流动线规划较具有代表性的是：西海湾花园、万科四季花城、万科金色花园、港湾丽都、东海坊和波托菲诺。
  - ★ 西海湾花园和万科四季花城主力店与社区主出入口相距较近，两者形成一个整体，作为人流焦点；
  - ★ 万科金色家园和港湾丽都的主力店与社区主出入口虽然相距较远，但由于商业分布较长，两者未能吸引人流经过大部分商业，仍然是以主力店作为人流焦点。
  - ★ 东海坊商业在临香轩路和农轩路处规划品牌餐饮主力店，以此拉动整个商业的人流，是商业的人流端点。
  - ★ 波托菲诺以超市主力店、临天鹅湖的品牌餐饮店和社区出入口为人流端点，三个端点拉动人流经过社区的大部分商业。
- 从以上6个社区看，焦点型人流动线和端点型人流动线的主要特性是：

焦点型人流动线	端点型人流动线
人流集散中心具有唯一性	人流集散中心为两个或多个
能有效地聚集人流，对人流焦点附近的商铺价值提升明显	两端或多端拉动人流，增加人流频率，提升商业的整体价值

开发阶段： 　　　　　　　　　　　　年　　月　　日——　　年　　月　　日

总结与提升：

◆ 社区商业的人流动线规划应主要注意以下几点：
   ★ 规划人流动线应简单易达，增强商业的便利性；
   ★ 人流焦点或人流端点尽量临主要道路设置，对外展示面良好，利于导入外部人流；
   ★ 人流焦点应设置于商业的中心位置，均匀的拉动人流；人流端点的设置应考虑能否引导人流经过尽可能多的商业；
   ★ 人流动线设计以直线为主，在人流视野范围内的商铺，具有较高租金价值，同时适当勾勒弧线，体现层次感及节奏，增加人流动线的变化；
   ★ 人流动线规划中，可结合具体情况设置具有衔接过渡的中庭等设施，一方面使人流的动线较灵活，同时也起到很好的凝聚人气的作用，提升部分商铺的商业价值。

04 铺位面积配比

类型	面积配比				
	30m² 以下	31m² ~ 80m²	81m² ~ 200m²	201m² ~ 500m²	501m² 以上
内向型	8.30%	30.30%	9.80%	15.20%	36.30%
中间型	5.20%	21.30%	14.00%	10.00%	49.60%
外向型	1.30%	2.80%	5.60%	7.20%	83.20%

三种类型商业的铺位个数比：

类型	个数配比				
	30m² 以下	31m² ~ 80m²	81m² ~ 200m²	201m² ~ 500m²	501m² 以上
内向型	33.60%	55.00%	5.50%	3.70%	2.10%
中间型	27.50%	51.80%	13.60%	3.80%	3.20%
外向型	32.50%	29.70%	19.50%	10.20%	8.10%

与业态之间的关系

业态	30m² 及以下	31m² ~ 80m²	81m² ~ 200m²	201m² ~ 500m²	501m² 以上
超市	0.00%	0.00%	0.60%	5.00%	40.40%
餐饮	9.90%	12.70%	29.70%	46.70%	27.70%
便利店	2.30%	4.10%	0.00%	0.00%	0.00%
服务配套	37.60%	25.20%	18.40%	15.00%	4.30%
美容	5.70%	14.70%	18.40%	5.00%	4.30%
生活家居	3.90%	4.10%	7.60%	1.70%	0.00%
休闲	2.90%	1.50%	4.40%	20.00%	17.00%
服饰精品	11.00%	10.10%	4.40%	1.70%	0.00%
地产中介	11.20%	12.20%	5.70%	0.00%	0.00%
其他	15.40%	15.50%	10.80%	5.00%	6.40%
合计	100.00%	100.00%	100.00%	100.00%	100.00%

总结与提升：

9.3.4 各类型商家的物业条件要求

各业态品牌商家列表

业态		商家
超市	大型综合超市	沃尔玛、新一佳、百佳
	社区标超	华润、民润
餐饮	大型餐饮	湘江老厨、毛家饭店、天天渔港、醉翁亭
	西餐咖啡	雨花西餐、上岛咖啡、米萝西餐
	中西式快餐	麦当劳、肯德基、嘉旺城市快餐、永和大王
便利店	——	7-11、万店通
服务配套及服饰精品	服务配套	一致药店、海王药业、柯达冲印、博恩凯音像、中国银行、千百度花艺、三春晖书店、久美书店、一品轩、小白兔、雪莉阿姨、正章
	服饰精品	以纯、爱特爱、尤可、芬怡内衣、贝蒂童装、品质生活（天工坊）、圣骏水晶、风之谷精品
美容及美发	美容	NB自然美、玛莎、思妍丽、明之堡女子美容桑拿会所
	美发	纯剪一派、出发点
生活家居	——	瑞信家具、侬侬家私、绿源沙发、雅兰
休闲	——	避风塘茶楼、清风茶艺馆、新港鸿沐浴保健中心

9.3.5 社区商业特色氛围的营造

社区商业特色营造的建议：
- 从整个社区的综合价值提升的角度来看，商业服从于社区，这一点，反映在商业特色的营造上，体现为商业的文化、主题、特色应该与住宅保持高度统一；
- 在建筑外观及线条上，除了与住宅风格相统一，还应该注意强调自身色彩及线条的强化运用，因为商业与住宅是不同区间的两种物业，商业在外观的处理上更强调视觉的冲击力；
- 景观小品、植物及地方代表性建筑对于整个社区商业的特色营造及商业氛围提升也有着重要作用，具体可依据自身特点进行相应的布置。
- 除了以上几点，定期或不定期地举办一些与主题相关的活动很有帮助。

总结与提升：

9.3.6 社区商业的物业管理

一般来讲，社区商业的物业管理相比于城市型购物中心的管理，其区别主要体现在硬件设施的配备和运营要求两方面。

- ◆ 硬件设施方面，社区商业配置水平较低，包含较多独立铺位，冷气、电梯等相应设施配置数量较少。
- ◆ 社区商业强调"街坊生意"，多为长期经营，内容相对较少，百货类（即广义上的服饰精品大类）商户数量少，统一收银的情况极少，独立经营的意识较强。但是搞风险的能力也较强，其运营中的企划推广多针对周边区域的"街坊"消费群。

9.3.7 社区商业的营销模式

01 主要招商策略

- ◆ 总体思路：以品牌商家或大商家增强巩固小商家及投资者信心。
- ◆ 常用招商优惠形式

优惠形式	细分	内容
扣率形式		扣率即从营业额中提取一部分作为商场的回报（含税），发展商跟商户共同承担市场风险，共同分享利润
其他形式	年期	一般行业2年固定合约2年约或3年固定合约3年生约，餐饮业一般5～10年固定合约，可商议
	免租期	给予一定期限的免租期可作为协商合作的洽谈条件之一。由于项目所在区域，该区域目前商业还未形成规模，周边商业气氛不浓厚，要将本项目形成强烈的商业氛围需要一定的时间，所以租户生存角度考虑，有时需要给予足够的免租期
	管理费	按实际营运管理的支出预算平均分摊。此费用已包括中央空调费、清洁、保安、设备维护、公共水电、公共保险、人员工资、办公费用、管理者酬金和宣传推广费用等。此条款也可作为协商合作的一些酌情条件
	装修	除公共地方装修外，可考虑为个别优质商家分担部分装修费用，吸引其进驻商场，为本项目带来口碑
	以客带客	进场的主力旗舰店介绍一定量客户入驻商场，给予增加一定期限的免租期或一定折扣
	特定时间签约优惠	客户在招商会或其他特定时间中，如果是前几位签约客户将给予一定优惠，如租金折扣，管理费优惠等
	宣传推广费用	商场要持续浓厚的商业气氛，宣传推广是必不可少的，此费用有可能包括在租金中，也有可能在管理费中，为了更好地引进商家，宣传推广费的高低及如何计算可作为招商优惠的另一斟酌条件

02 销售策略

- ◆ 纯销售模式
- ◆ 带租约销售
- ◆ 短期返租销售（三年）
- ◆ 长期返租销售（十年）

开发阶段: 　　　　　　　　　　　　　年　月　日——　　年　月　日

总结与提升:

03 主要推广策略
- 着重强调项目的重要卖点；
- 媒体策略；
- 媒体组合：造势；引爆。

9.4 商业综合体标准化——万达商业综合体

9.4.1 万达商业综合体概述

万达商业综合体的特点和优势

01 万达商业综合体的特点
- ★ 规模大   ★ 业态多   ★ 订单地产
- ★ 资金来源 ★ 融资渠道 ★ 房地产开发补贴商业经营

02 订单式商业综合体的优势
- 采取先租后建的方式，基本实现满铺开业，不需要培育期，加快了资金回笼速度，大大降低了投资风险。
- 可以合理组织业态，使各种业态能优势互补，避免同业态之间或相似业态间的不良竞争，使各业态都能健康发展。
- 降低了整体经营成本，利用订单优势，形成了一个集体的商业形象，给市场一个强有力的冲击。
- 降低了前期开发成本，避免了先建后租造成的重复改造，节约了资金，也节约了时间，减少了对自然资源的浪费。

9.4.2 万达商业综合体规划设计

01 万达商业综合体选址
"项目成功的第一条件是选址，第二条件也是选址。"
- 城市整体环境
  - ★ 城市常住人口：100万以上。
  - ★ 城市年GDP在1000亿元以上，人均GDP达到20000元。
  - ★ 城市全社会年固定资产投资200亿元以上。
  - ★ 年社会消费品零售总额300-400亿元以上，GDP总额1000亿元以上。
  - ★ 城镇居民人均年可支配收入12000元以上。
  - ★ 年人均消费支出5000元以上。
  - ★ 城市规划重视第三产业。
  - ★ 未来两年内政府领导不涉及大范围换届。
  - ★ 该城市有明显的支柱产业。
  - ★ 政府给予的优惠政策不低于同类级别的商业项目。

总结与提升：

- 城市房地产行业年开发量 100 万 m² 以上，竣工量 50 万 m² 以上。
- 住宅地产均价在 2000 元 /m² 以上，商业地产均价在 4000 元 /m² 以上。

02　万达商业综合体总体规划
- 选址：城市副中心、城市开发区、CBD。
- 建筑、业态：大型城市综合体，盒子＋街区＋高层，引入步行街。百货、超市、家电、美食、影院、星级酒店、高端写字楼、高尚住宅、SOHO。
- 规模：占地面积 10 万～20 万平方米，建面 40 万～80 万平方米。
- 经营方式：核心商业部分只租不售，但大型综合体中的住宅与小型商业、写字楼的销售，有效解决了资金支持问题。真正实施了"房地产开发补贴商业经营"模式。

03　万达商业综合体的业态构成、规模及空间要求
- 基本业态构成模式：主力店＋次主力店＋商业步行街＋开放式的公共空间
- 万达商业综合体各个业态的通常规模

业态	面积规模	备注
百货	2 万～3.5 万 m²	每层不宜小于 5000 m²，层数一般 -1～5 层不等
超市	1.8 万～2.2 万 m²	最好为平层，最多 2 层（可设在地下一层，首层另设 1000 m² 左右的入口大堂）
家居	0.8 万～1 万 m²	每层不宜小于 5000 m²
建材	1.5 万～2.0 万 m²	每层不宜小于 8000 m²
影城	0.5 万～0.8 万 m²	不宜少于 8 厅，不宜设在第 4 层，观众数量为 1500～2000 人
KTV	0.4 万 m² 左右	
电玩	0.4 万～0.5 万 m²	
数码	1.5 万～2.0 万 m²	每层不宜小于 5000m²
酒楼	0.4～0.8 万 m² 左右	考虑到排烟、降板等问题，可设在顶层。首层应设大堂
步行街	2.0 万～3.0 万 m²	层数为 2～3 层，长度一般不宜超过 350 米，2～3 个中庭，3～4 个出入口，门前设有广场

- 万达商业综合体各个业态对建筑空间的总体要求

04　万达商业步行街规划设计 100 个关注点

05　万达综合体规划设计创新点
- 动态的设计观
  - ★ 业态的调整　★ 空间形态的改进　★ 主题化趋势与品质的优化
- 创新的设计观
  - ★ 建筑形态主要由点、线、面、体四大要素构成；
  - ★ 材质创新；
  - ★ 关于功能创新主要表现在两方面，实用功能创新和精神功能创新；
  - ★ 关于技术创新，科技节能技术的应用是万达一贯坚持的；
  - ★ 关于建筑与环境的融合共生；
  - ★ 关于广义建筑师与一体化设计思路，在上述理论与技术之外，便是商业地产建筑师本身的素养与责任意识了。

开发阶段:　　　　　　　　　　　　年　月　日——　年　月　日

总结与提升:

- 文化元素与娱乐元素的植入
  文化植入；主题娱乐；细分市场；挖掘文化资源；立体表现手段。
- 休闲体验

9.4.3 万达商业综合体商业模式

01　盈利模式——资金流滚资产

- "资金流滚资产"模式分析

资产类型		资金体现	目的	作用
出售型地产（写字楼、住宅和社区商业）		以核心商业支持基于较高售价的庞大销售收入	回笼投资	归还大部分银行贷款；补贴持有物业的资金成本；支持集团公司资金链
持有型地产（Mall）	长期租约	在低地价的支持下以较低租金完成核心商业部分的招商，形成固定租金收益	稳定开业，催熟商业物业	长期现金流作为项目投资可行性依据；满足持有部分的日常运营费用；按期归还持有物业的银行利息；租约抵押获贷款融资，进入新一轮扩张
	土地及物业资产	地价及物业升值	形成远期投资收益	享受私募基金收购、发行信托投资产品、IPO上市等远期资产溢价收益

02　产业链整合模式

	环节	整合方式	竞争优势
产业链上游	土地	黄金位置—低地价—地价款分期	前期启动资金压力小，支持连锁扩张；成本低，可低租金吸引商家
	资金	核心部分（销售回款+银行资金+自有）+借助外力（麦格理私募+建银国际私募）	借助外力，摆脱了资金链紧张局面；借助销售回款"现金流滚资产"模式，打开了"通路"局面
	品牌	连锁品牌+企业品牌+单体项目大体量	
	资源	订单模式—整合土地资源、商户资源	招商前置，不仅解决了开业压力，同时将招商成效转变为产业链上游竞争优势；"订单模式"的"做对程序"，成为万达商业模式的核心之一
	规划设计	商业部分、五星酒店等持有部分，国际一流设计机构设计，提升项目品质经验积累，产品业态组合规划、人流动线设计日趋成熟	
产业链中游	招商	"国际商业品牌战略合作伙伴"+"国内一线品牌"+"万达自主商业产业"	对地方政府、小商户、置业投资者产生较强吸引力效果；有效支持开业，缩短商业孵化期
	销售	只租不售—购物中心的核心商业 必须销售—住宅、部分写字楼、社区商铺	只租不售部分，整体经营，增强商业的吸引力；第三代产品的销售部分相对前两代显著增加，解决资金链问题；核心位置、城市综合体、销售部分成本低、利润高
	建设	明确的工期要求和项目执行标准	保证工程质量；提高资金周转率
后期经营	商业运营	自主招商、商业运营团队，对后期业态调整形成较大支持商业运营团队、能力仍有待加强	

开发阶段: 　　　　　　　　　　　　年　月　日——　　年　月　日

总结与提升:

03 订单高级模式——持有型物业的订单模式

订单内容	执行规程	目的
共同选址	和一流的主力店商家签订联合发展长约，约定共同选址、按期入驻开业、信息共享等	保证了项目招商的可持续性和客户稳定性
统一租金	按城市等级一次性谈租金	保证了快速扩张、快速发展以及稳定的租金收益
先租后建（做对程序）	完成7~8家不同消费业态主力店招商后再确定项目，主力店具有他性，避免同业竞争	满足一站式购物需求、提高商家总体收益，减少中小商家的疑虑，降低开业后空置风险，迅速回收租金
技术对接	战略合作伙伴提出需求：面积、高度、出入口、交通体系等——万达做出方案来认证——设计图纸确定之后，双方正式签订具有法律效力的确认书——合作伙伴打保证金	一是保证主力店商家的需求在开工前就能得到确定，避免商家进场后的改建，减少浪费；二是租赁面积完全被租金所覆盖，没有无效面积

04 投资平衡模式

类型	租售价格	平均面积比例	目标	两者作用和关系
出售型商业地产（写字楼、住宅和社区商业）	较高	60%	回笼资金	1. 实现当期利润 2. 补贴持有物业的资金成本
持有型Mall	较低	40%	稳定开业	1. 长期现金流作为项目的投资可行性依据 2. 租金满足日常运营资金

05 项目获取与开发模式

	模式变革	操作方式	目的
区域布局	一线城市深耕细作、大力拓展二线城市（沿海二线城市、中西部中心城市）	1. 北京、上海等以纯商业起家的城市向"一主"（商业地产）下的"三辅"（文化、酒店和连锁百货）发展； 2. 加大在中西部和二线城市的土地资源储备	以网络布局对冲中国经济增长期内冷热不均的区域风险
项目选址	从老城区向城市副中心或新区的中心地段转移	在市郊地段一次性、大规模开发高品质的商业综合体	地价便宜，位置偏僻，适于以招商方式同政府合作；空间广阔，利于整体开发与周边规划，不受制于历史条件；资产升值性强
投资周期	10年中以3年为一周期，坚持对土地逢低吸纳的策略	2004年信贷调控、资金最紧张时，万达集中拿12块地；2008年金融危机，万达低价扫货5块用地	压低购地成本 强化远期用地储备
土地获取	政府合作为主，并购为辅	以招商形式引入当地，再通过定向"招拍挂"拿地，部分黄金地段土地采用并购	排除竞争者
土地价格	以项目后期税收、就业和社会效益谈判	相比土地收益，政府更看重后期综合收益，楼面地价约为同类土地市场价的30%	支持"资金流滚资产模式"
开发建设	强调周期性和建筑品质	对项目整体工期一般要求是15个月，对立即投入市场销售的住宅、写字楼等非常注意工期和品质	保障资金周转率

开发阶段： 年 月 日—— 年 月 日

总结与提升：

第十部分 项目完工后总结

10.1 项目计划实施情况表

序号	节点名称	计划完成时间	实际完成时间	节点变动说明	备注
1	概念设计				
2	*规划设计				
3	*取得《规划用地使用许可证》				
4	*实施方案				
5	桩基施工图(招投标用)				
6	施工报建图				
7	*取得《建设工程规划许可证》				
8	全套施工图完成				
9	节能审批				
10	景观施工图完成				
11	总包单位确定				
12	*获得《施工许可证》				
13	*基础施工				
14	主体施工				
15	销售展示区实施时间				
16	主体结构达到预售条件				
17	取得《预售许可证》				
18	销售展示区开放时间				
19	*销售开盘时间				
20	外脚手架拆除				
21	室外配套、园建				
22	*竣工备案时间				
23	预验收				
24	*交付时间				

*为重要节点。

开发阶段: 　　　　　　　　　　　　　年　月　日——　　年　月　日

总结与提升:

10.2 项目经济指标

项目销售情况		年	年	年	年	年	年	合计
计划	销售面积							
	销售金额							
	结算面积							
	结算金额							
	结算利润							
实际	销售面积							
	销售金额							
	结算面积							
	结算金额							
	结算利润							
变化说明								

10.3 项目现金流量表

项目现金流情况		年	年	年	年	年	年	合计
计划	现金流入							
	现金流出							
	净现金流量							
	累计现金流量							
实际	现金流入							
	现金流出							
	净现金流量							
	累计现金流量							
变化说明								

开发阶段: 　　　　　　　　　　年　月　日——　年　月　日

总结与提升:

主要经济指标	计划	实际
项目内部收益率		
公司内部收益率		
项目销售净利率		
累计现金流回正时间		
三年内结算利润比		
管理费用比例		
营销费用比例		
资金成本利率		

成本控制分析	成本项目	目标成本	动态成本	目标单方成本	动态单方成本	单方成本降低	变化说明
土地获得价							
前期准备费							
主体建筑费							
主体安装费							
社区管网费							
园林环境费							
配套设施费							
开发间接费							
合计							

开发阶段: 　　　　　　　　　　年　月　日——　　年　月　日

总结与提升:

10.4 项目开发各环节总结表

类别	评价	备注
对选地条件的评价		
取得用地时，销售价格是否合适？		
销售时，设定的销售价格和销售结果相比较是否合适？		
设想的销售目标群体与销售结果是否一致？		
设定的销售总价与销售结果是否一致？		
整体规划有没有满足客户的核心需求？		
对客户提出的"优点""缺点"是否进行了改进？		
客户对整体品质的评价？		
客户对房型的评价？		
客户对设备设施的评价？		
客户对公共部位的评价？		
客户对物业服务的评价？		

推广方式及成本分析					
方式名称	时间段	总费用	来访数	成交数	成本分析		
					来访	成交

分析及说明

其他方面

开发阶段: 　　　　　　　　　　　年　月　日——　　年　月　日

总结与提升:

10.5 合作单位评价表

营销类

销售代理	名称：		负责人：
	业务内容：		
	提报能力：		销售执行能力：
	售后服务能力：		取费标准：
	评级：○一星级 ○二星级 ○三星级 ○四星级 ○五星级		
	综合评价说明：(亮点或突出表现及缺点)		
市场研究	名称：		负责人：
	业务内容：		
	市场研判能力：		客户需求分析能力：
	产品定位能力：		取费标准：
	评级：○一星级 ○二星级 ○三星级 ○四星级 ○五星级		
	综合评价说明：(亮点或突出表现及缺点)		
广告设计	名称：		负责人：
	业务内容：		
	平面设计能力：		媒体策略制定能力：
	营销费用把握能力：		访谈能力：
	评级：○一星级 ○二星级 ○三星级 ○四星级 ○五星级		
	综合评价说明：(亮点或突出表现及缺点)		
商业	名称：		负责人：
	业务内容：		
	定位能力：		包装能力：
	销售能力：		取费标准：
	评级：○一星级 ○二星级 ○三星级 ○四星级 ○五星级		
	综合评价说明：(亮点或突出表现及缺点)		

开发阶段: 　　　　　　　　　　　　　年　月　日——　　年　月　日

总结与提升:

设计类

规划及方案设计	名称：		负责人：	
	业务内容：			
	规划预判能力：		规划价值创造能力：	
	服务态度方面：		取费标准：	
	综合评级：○一星级 ○二星级 ○三星级 ○四星级 ○五星级			
	综合评价说明：(亮点或突出表现及缺点)			
设计总包资源及施工图	名称：		负责人：	
	业务内容：			
	技术解决能力：		协调管理能力：	
	服务态度方面：		取费标准：	
	评级：○一星级 ○二星级 ○三星级 ○四星级 ○五星级			
	综合评价说明：(亮点或突出表现及缺点)			
景观设计	名称：		负责人：	
	业务内容：			
	地域植被经验：		资源分配及成本控制能力：	
	后期施工配合及服务：		取费标准：	
	评级：○一星级 ○二星级 ○三星级 ○四星级 ○五星级			
	综合评价说明：(亮点或突出表现及缺点)			

开发阶段:　　　　　　　　　　　　　　年　月　日——　　年　月　日

总结与提升:

工程类

总包	名称：		负责人：	
	业务内容：			
	评级：○一星级 ○二星级 ○三星级 ○四星级 ○五星级			
	综合评价说明：（亮点或突出表现及缺点）			
门窗	名称：		负责人：	
	业务内容：			
	评级：○一星级 ○二星级 ○三星级 ○四星级 ○五星级			
	综合评价说明：（亮点或突出表现及缺点）			
电器	名称：		负责人：	
	业务内容：			
	评级：○一星级 ○二星级 ○三星级 ○四星级 ○五星级			
	综合评价说明：（亮点或突出表现及缺点）			
主体建筑材料	名称：		负责人：	
	业务内容：			
	评级：○一星级 ○二星级 ○三星级 ○四星级 ○五星级			
	综合评价说明：（亮点或突出表现及缺点）			
装修材料	名称：		负责人：	
	业务内容：			
	评级：○一星级 ○二星级 ○三星级 ○四星级 ○五星级			
	综合评价说明：（亮点或突出表现及缺点）			

欢迎加入房地产标准化商学院：

购买此书的人，均有机会获得额外 惊喜 !

亲爱的伙伴：

时间飞逝，新的一年即将过去，这是不平凡的一年，我们在房地产开发与经营管理方面已经取得了长足的进步。

过往的经验告诉我们，只要你认真地整理你的日常心得，记录、整理你的实际工作方法和体会，结合应用标准化建设网站 www.xlhgw.com 的增值服务，你应该可以成为房地产界的行家里手。

使用到今天，或许这本工作日志给你带来了收获，或许这本工作日志还有很多不尽如人意的方面。我们真心希望你能登录 www.xlhgw.com 提出宝贵的意见，帮助我们完善下一版次的《房地产开发标准化日志》，以便其以专业性和实用性服务于更多的房地产同行们，让我们的智慧能在未来的房地产开发管理中得以应用。

如果你在某个业务领域颇有心得，希望你能加入我们的队伍，我们愿意成为你成功道路上的好帮手；如果你已成为某个方面的专家，希望你能加盟我们的专家团队，为更多的人提供帮助！

惊喜不断！

- 免费获得最新的标准化体系更新电子版一份；
- 免费预约房地产标准化商学院的专家团，进行专题顾问咨询一次；
- 免费获得商业地产、别墅地产、旅游地产、大盘开发的专家顾问团实地指导一次；
- 免费获得房地产开发标准化体系建设顾问一次。

订阅《房地产开发标准化日志》可采取以下三种方式

- 少量订阅可以通过网络进行查询和购买，销售网站包括中国建筑工业出版社网址（http://www.cabp.com.cn）、网上书店（http://www.china-building.com.cn）、当当网、亚马逊网、京东商城；
- 大宗订阅可以联系中国建筑工业出版社，联系方式：电话：010-58337228，邮箱：47364196@qq.com
- 还可登录本书的增值服务网站（http://www.xlhgw.com）进行订阅，凡是前版本手册的使用者，可享受 8.8 折购买本版《房地产开发标准化日志》的优惠。

登录 www.xlhgw.com 查看《房地产开发标准化日志》征订详情，会有更多惊喜！

我们期待你的登录！

房地产标准化商学院